Dieses Buch widme ich den folgenden deutschen Soldaten:

Leutnant Richard von Rosenberg
Leutnant Bodo von Ditfurth
Grenadier Johann Hovel 1 Comp.
Füsilier Johann Orphel 10 Comp.
Füsilier Franz Dallmann 12 Comp.
Füsilier Johann Fausser 12 Comp.
Füsilier Karl Kliebisch 12 Comp.

Auch wenn die Roten Euren Gedenkstein auf dem Friedhof columbiadamm schänden und versuchen Eure Namen zu tilgen; wir aufrechten Deutschen vergessen Euch nicht.

❤❤❤❤❤❤❤❤❤❤❤❤❤❤❤❤❤❤❤❤

Impressum:

©2024 Christian Schwochert

ISBN Softcover: 978-3-384-17437-6

Druck und Distribution im Auftrag des Autors:
tredition GmbH, Halenreie 40-44, 22359 Hamburg,
Germany

„Regeln"-Eine E-Mail an meine Vorgesetzte
Vorgesetzte
sowie weitere Lesermalis an Akif Pirincci, Benedikt Kaiser, Hape Kerkeling uvm.

Von Christian Schwochert

Vorwort:

Vor gar nicht allzu langer Zeit schrieb ich ein Buch wie dieses über Sebastian Fitzek und andere von mir Kontaktierte.

Dieses Buch ist nun etwas anders. Meine Vorgesetzte bat mich, dass ich ihr etwas über „Regeln" schreibe und wozu ich glaube, dass sie Nutze sind. Also tat ich das; zugegeben auch ein wenig mit der Absicht, sie durch die Menge an Verfasstem zu schocken. Dies gelang mir und nun dürfen Sie einen Blick darauf werfen, was ich mir über „Regeln" für Gedanken gemacht habe.

Außerdem schrieb ich noch einige andere Leute aus aktuellem Anlass an; darunter wie im Titel erwähnt Akif Pirincci, Benedikt Kaiser und Hape Kerkeling.

Und nun genug der Vorrede. Ich wünsche Ihnen viel Spaß beim lesen.

Mit freundlichen Grüßen
Christian Schwochert

Die Chefin in meinem Betrieb wollte, dass ich ihr eine Mail schreibe, was ich von Regeln halte. Herausgekommen ist eine ehrliche Analyse und eine unehrliche Erklärung, die ich ihr auch als ebensolche präsentieren wollte:

Regeln: Die ehrliche Version

Von Christian Schwochert

Liebe Frau Vorgesetzte,

ich schreibe Ihnen zwei Berichte zum Thema „Regeln". Einmal die ehrliche Version, also diese hier, und einmal die verlogene Version. Die verlogene Version ist natürlich kürzer und einfacher, denn das macht Lügen oftmals glaubwürdiger als die Wahrheit. Und hätte ich es nicht „die verlogene Version" genannt, würden sie es mir gewiss abkaufen, aber dazu bin ich leider zu ehrlich.

Beginnen wir also mit der Ehrlichkeit: Sinnvolle Regeln sind entweder für alle da, oder für Einzelne. Sind sie, wie in diesem Fall, nur für Einzelne da, sind sie von vornherein klar als unmoralisch und falsch erkennbar. Und ganz ehrlich gesagt ist es so, dass ich den Eindruck habe, dass Sie die neue Pausenregelung extra nur für mich aufgestellt haben. Ich weiß genau, dass es diese Regel Wochen und Monate vorher nicht gab und es beschleicht mich der Verdacht, dass Sie das nur eingeführt haben, um mir gegenüber Macht zu demonstrieren, mich zu schikanieren und demütigen zu können. Sie wissen, dass ich mich in der Pause gerne mit lesen entspanne und das missgönnen Sie mir aus bisher unbekannten Gründen. Leider ziehen Sie dabei auch Kollegen wie den Herrn L. mit hinein, der sich in der Pause immer in Ruhe in seinem Stuhl entspannen konnte, was Sie ihm weggenommen haben.

Hinzu kommt auch noch die ordentliche Portion Doppelmoral. Herr S., der ja auch öfter bei uns war durfte in der Pause am PC sitzen, sein Ding machen und genießt bei Ihnen generell Narrenfreiheit, was für mich ein Hinweis darauf ist, dass Sie die Regeln je nach Sympathie auslegen. Ein weiterer Punkt dieser Doppelmoral ist, dass Sie selbst in der Pause oft und gerne am PC sitzen und arbeiten. Da ist das offenbar kein Problem, aber wenn ich mich in der Pause mal in meinem Sinne entspannen möchte, ist plötzlich die Hölle los!

Und dabei hieß es, dass in diesem Betrieb auf unsere individuellen Bedürfnisse Rücksicht genommen wird. War das nur eine Lüge im Betriebsflyer oder wurde diese „Regel" plötzlich auch geändert?

Aber im Ernst: Mir war schon klar, dass dieses Gerede von unseren „individuellen Bedürfnissen" nur leeres Gewäsch ist. Blendwerk! Grimms Märchen vorletzte Seite! Ich höre so einen verlogenen Mist schon mein ganzes Leben und muss mir auch mein ganzes Leben lang Doppelmoral anschauen, sodass ich das Bedürfnis habe wie einst Bismarck „eine Bombe zu sein und zu platzen".

Das fing bereits in der Grundschule an, wo die

regelkonformen Lehrer Regeln aufstellten wie das wir nicht mit Pokemonkarten spielen dürfen. Meinem Kumpel Naro haben die dann einfach alle Pokemonkarten beschlagnahmt und er hat sie nie wieder gesehen.

In der Wirtschaftswoche stand mal ein Artikel, wie wertvoll alte Pokemonkarten heute wären. Nur zur Info verlinke ich Ihnen den Artikel hier mal: https://www.wiwo.de/erfolg/trends/teuerste-pokemon-karten-2024-das-sind-die-zehn-teuersten-pokemon-karten-aller-zeiten-im-ranking/27721728.html

Darin heißt es unter anderem:

„Das Glurak (Charizard) 1st Edition Shadowless aus dem Base Set 1999 ist wohl die bekannteste und beliebteste Pokémon-Karte des gesamten Spiels. Im Oktober 2020 bezahlte der Rapper Logic für eine dieser Karten in perfektem Zustand 226.000 US-Dollar und stellte damit einen Rekord auf. Zwei Monate später wurde dieser jedoch wieder gebrochen. Am 12. Dezember 2020 bezahlte ein Bieter bei einer Auktion von PWCC 350.100 US-Dollar, nur wenige Stunden später verkaufte sich ein weiteres Base Set Glurak für 369.000 US-Dollar. Dies macht den Feuer-Drachen laut Goldin Auctions zur zweitteuersten Pokémon-Karte aller Zeiten."

Und:

„Illustrator CoroCoro Comics Promo (Pikachu illustrator card) (5.275.000 US-Dollar) Eine Karte, die noch teurer ist, als das 1st Edition Base Set Glurak, ist die Illustrator CoroCoro Comics Promo-Karte. Sie gilt mit nur circa 20 gedruckten Exemplaren als die seltenste Pokémon-Karte überhaupt und wurde von CoroCoro Comics 1997 bei einem Mal-Wettbewerb an die Sieger verteilt. 2019 erreichte die Karte bei einer Auktion 243.000 US-Dollar, ein Jahr später 250.000 US-Dollar. Im Februar 2021 inmitten des Hypes um das Pokémon Trading Card Game wurde eine der Promo-Karten schließlich für 375.000 US-Dollar bei einer PWCC-Auktion verkauft. Auch dieser Rekord wurde nur ein Jahr später wieder eingestellt. Im Februar 2022 wurde die Karte für 900.000 US-Dollar bei einer Auktion von Goldin Auctions verkauft. Der neueste Rekord für die teuerste Pokémon-Karte der Welt wurde im April 2022 von Youtuber Logan Paul aufgestellt. Dieser hatte eine Pikachu Illustrator Card für sagenhafte 5,275 Millionen US-Dollar gekauft. Damit ist die Pikachu illustrator card die teuerste Pokémon-Karte weltweit."

Diese beiden Karten sind auf Platz 2 und 1 der wertvollsten Pokemonkarten der Welt. Die Regeln der Lehrer haben Naro also mehrere Millionen Euro gekostet, denn er hatte diese beiden Karten!!!
Ich werde nachher noch ein paar Beispiele nennen, wohin das Befolgen von Regeln führen kann. Eine Regel in der Schule war übrigens auch, dass Lehrer Kinder nicht schlagen dürfen. Trotzdem bekamen die Kinder regelmäßig Schläge von unseren Lehrern und die Polizei interessierte das nicht.

Was lernte ich daraus? Daraus lernte ich, dass Regeln

von Menschen aufgestellt werden, die mehr Macht haben als man selbst. Oftmals ergeben diese Regeln keinen Sinn (und haben auch auf Nachfrage hin keinen Sinn! Dann heißt es, es sei halt eine Regel…) und dienen nur dem Zweck, die Machthaber ihre Dominanz ausleben zu lassen und die weniger Mächtigen oder besser gesagt die OHNMÄCHTIGEN zu terrorisieren. Die Mächtigen selbst halten sich dann null an ihre eigenen Regeln und wenn wir Ohnmächtigen uns beschweren, findet man einfach noch weitere Wege uns zu demütigen.

Wohlgemerkt ist es manchmal auch so, dass hinter den Regeln nicht einfach nur Machtmissbrauch steckt, sondern eine kranke Ideologie. Das werfe ich Ihnen gewiss nicht vor; ich glaube, Sie wollen mich einfach nur fertigmachen, weil Sie mich aus irgendwelchen Gründen nicht mögen. Den Herrn S. mögen Sie, also gelten für ihn die Regeln nicht.

Nichtdestotrotz macht es mir eine Todesangst, wenn Menschen unsinnige Regeln ohne zu Hinterfragen einfach so befolgen. Daher werden wir uns jetzt mal ein paar Fälle ansehen, wohin es führt, wenn absurde Regeln aufgestellt und von allen unteren Rängen brav befolgt werden:

Fall 1: Dieser Fall fiel mir heute während des Kochens auf. Ein Kollege, dessen Namen ich hier nicht nennen werde (wie ich überhaupt niemandes Namen in diesem Schreiben nenne!), imitierte einen Asiaten. Das ist für mich kein Problem, aber für andere, regelkonforme

Menschen, würde es kulturelle Aneignung bedeuten und für manche ist „kulturelle Aneignung" bereits ein Hassverbrechen. Und wenn die Regeln in Kanada ruck zuck geändert werden, würde der Kollege dort vielleicht sogar lebenslang im Knast landen können! Sie glauben mir nicht?

Tja, dann wissen Sie eventuell noch nichts von den neuesten Plänen von Kanadas Regierung. Deren woker Regierungschef Trudeau plant drakonische Strafen für angebliche „Hass-Beiträge". Selbst lebenslange Haft ist für Meinungsdelikte im Gespräch. Medien-„Kommissare" sollen alles durchleuchten und über dem Gesetz stehen. Konkret hat die kanadische Regierung unter Premierminister Justin Trudeau dem Parlament ein Gesetzespaket vorgelegt, das unter anderem lebenslange Haftstrafen für Personen vorsieht, die Äußerungen tätigen, die als „Unterstützung oder Befürwortung eines Genozids" ausgelegt werden können. Mit bis zu fünf Jahren Haft sollen hingegen alle Aussagen bestraft werden können, die als „Hassrede" eingestuft werden können. Bisher konnte die kanadische Justiz hier lediglich Haftstrafen von zwei Jahren verhängen. Auch die Definition von Hass ist in dem Gesetzesvorschlag weit gefasst. Jede Aussage, die „Verabscheuung oder Verunglimpfung beinhaltet und die stärker ist als Verachtung oder Abneigung" soll entsprechend geahndet werden können. Neue Richtlinien sollen auch für Internetseiten, soziale Netzwerke und Mobiltelefon-Apps gelten. Inhalte, die „Hass schüren", zu „Gewalt anregen", als Mobbing eingestuft werden können oder Kinder dazu anregen, sich selbst zu schaden, sollen möglichst schnell gelöscht werden. Ebenso sollen sich

♥♥♥♥♥♥♥♥♥♥♥♥♥♥♥♥♥♥♥♥♥♥

Internetanbieter dazu verpflichtet sehen, „das Risiko zu mindern, dass Nutzer schädlichen Inhalten ausgesetzt" werden.

Wie finden Sie das? Finden Sie das gut? Immerhin sind das ja Regeln, nicht wahr?! Also ich finde es eher bedenklich; um nicht zu sagen totalitär! Aber diese Welt, und besonders die westliche Welt, werden ja auch immer totalitärer und stellen immer mehr unerträgliche Regeln auf! Nun werden Sie einwenden „Aber Russland!".

Ja, aber Russland! Aber Russland war schon immer so. Das ist quasi die Basis, doch wir entwickeln uns in ein Richtung, die wir in Deutschland schon zweimal hatten und überwinden konnten! Das eine Mal sogar aus eigener Kraft!

Sie denken, das war's mit Kanada?! Nein! Denn eine andere Forderung geht noch ein bisschen weiter: Demnach plant die kanadische Regierung, eine Digital Safety Commission (Kommission für digitale Sicherheit) zu errichten. Jeder Anbieter eines Online-Dienstes müsste dieser Behörde einen Sicherheitsplan vorlegen und diesen genehmigt bekommen. Die Überprüfung würden mehrere „Kommissare" übernehmen, die von der Regierung ernannt werden und anschließend Teil der Kommission für digitale Sicherheit werden. Diese Kommissare sollen weitreichende Befugnisse besitzen. So sollen sie anordnen können, welche Inhalte entfernt werden müssen, Einblick in interne Unterlagen der Firmen erhalten, Anhörungen unter Ausschluss der Öffentlichkeit durchführen können und Strafen von bis zu zehn Millionen kanadische Dollar verhängen können.

♥♥♥♥♥♥♥♥♥♥♥♥♥♥♥♥♥♥♥♥♥♥♥

Finanziert werden soll die Digital Safety Commission durch Abgaben der Online-Anbieter. Ausdrücklich soll die Kommission nicht an „rechtliche oder technische Regeln der Beweisführung" gebunden sein. Alle Angelegenheiten, mit denen sie sich befasst, sollen hingegen „formlos und zügig" bearbeitet werden, so „wie es die Umstände und Erwägungen der Fairness und der natürlichen Gerechtigkeit erlauben".

Der Kollege, der gerne mal Asiaten imitiert, sollte also lieber nicht in Kanada Urlaub machen.

Fall 2: Reden wir über den Schriftsteller Akif Pirincci. Was mich angeht, so schreibt er eine Menge seltsames Zeug. Manches ist gut und Bücher wie sein Roman „Odette" lassen mich persönlich nicht mehr los. Eigentlich ist es schon ein paar Jahre her, dass Akif Pirincci seinen Liebesdramaroman Odette herausbrachte. Das Buch erschien 2021 im Moderne Zeiten Verlag, bei dem es sich offenkundig um eine Art Eigenverlag handelt. Aus aktuellem Anlass kaufte sich der Autor dieser Zeilen jedoch nun im Jahre 2024 Pirinccis Odette. Grund dafür ist die politische Verfolgung des Künstlers. Pirincci hat sich nie mit seiner Kritik am in der BRD herrschenden System und Zeitgeist zurückgehalten. Dafür soll er nun (wegen WORTEN!!!!) ins Gefängnis, wogegen er natürlich in Berufung gegangen ist. Der Grund ist natürlich "Volksverhetzung". Wie könnte es auch anders sein? Ist doch heutzutage so ziemlich alles "Volksverhetzung". Sogar eine Beleidigung der Grünen wird schon als Solche behandelt; Beleidigungen der AfD hingegen

🖤🖤🖤🖤🖤🖤🖤🖤🖤🖤🖤🖤🖤🖤🖤🖤🖤🖤

natürlich nicht. Grund genug für den Autor dieser Rezension, sich mit dem Künstler solidarisch zu zeigen und sein Buch für 17,80 Euro zu kaufen; obwohl Dramen eigentlich nicht so mein Ding sind. Aber ganz ehrlich: Wenn man das Buch mal angefangen hat, lässt es einen nicht mehr los. Die erste Hälfte der 224 Seiten wurden ruck zuck gelesen und der Rest am nächsten Tag. Das Buch las sich sehr flüssig, was immer gut ist. Und wenn man es durch hat, ist man traurig das es schon vorbei ist und würde gerne noch weiter lesen. Mit "seinem Mädchen" Odette und dem Mann der sich in sie verliebt, unternahm Pirincci eine Reise in die 80er, als Deutschland noch Deutschland war. Es wäre sehr schön, wenn Akif Pirincci mal wieder einen Roman schreiben würde. Einen, der den Leser ebenso fesselt. Gott bewahre das dieser Atheist ins Gefängnis muss, aber sollte er doch wegen einem Meinungsdelikt im BRD-Knast landen, so möge er die Zeit nutzen, um einen guten, langen Roman zu schreiben. Hoffen wir, dass er nicht eingesperrt wird. In diesem Fall wäre es auch eine Freude, wenn er wieder ein Buch verfasst.

Sehen wir uns nun den Fall selbst, also quasi den Grund dafür an, warum er ins Kittchen soll:

Das Gericht hatte ihn am Montag zu neun Monaten Haft ohne Bewährung verurteilt. Die Begründung: Pirincci habe sich in einem Blogeintrag vom Juni 2022 angeblich der Volksverhetzung strafbar gemacht. Der Text enthalte Angriffe auf die Menschenwürde und stachele zum Hass auf, erklärte der Richter nach einem Bericht des WDR. Die Äußerungen Pirinçcis würden die Grenze der Meinungsfreiheit überschreiten und seien nicht von dieser gedeckt. Das Urteil sei

„Schwachsinn", betont Pirinçci gegenüber anderen Medien. Also konkret gegenüber Medien, die ihn ausreden lassen und ihn nicht falsch zitieren. Sie liebe Chefin können gerne danach Googlen. „Es ging in dem Text überhaupt nicht um Migranten", meinte der Künstler. Tatsächlich beschreibe der Text, dass die politische Linke die Figur des Rechten als Gegner benötige, um von eigenen Problemen abzulenken. Nach Darstellung der Anklage stelle Pirinçci dabei Behauptungen über Straftaten über Migranten auf, die er nicht belege. So schreibe er von „Leistungslosen Vollversagern", die im Zuge der Asyl-Krise von 2015 und 2016 ins Land gekommen seien und eine „bis heute nicht abreißende Serie bestialischer Verbrechen vor allem an Frauen startete". Zudem beschrieb er „Moslems oder Afros" als „Schmarotzer", die sich „mikrobenartig" immer weiter vermehren würden. Er habe während des Gerichtsprozesses Kriminalitätsstatistiken und verschiedene Zeitungsartikel vorgezeigt, um seine Äußerung zu verteidigen, sagt Pirinçci. Der Richter habe sich davon unbeeindruckt gezeigt und ihm unterstellt, er wolle besonders geschickte Volksverhetzung betreiben, indem er sie lediglich versteckt äußere. „Das Verbot der Volksverhetzung war mal ein ehrfurchtgebietender Paragraph, jetzt ist er nur noch lächerlich", sagte der Autor der in den 90er Jahren mit Katzen-Kriminalromanen berühmt wurde. „Manche Leute, die ein gewisses Standing haben, wie Hendryk Broder, dürfen die Migrationspolitik der Regierung kritisieren. Andere werden dafür einen Kopf kürzer gemacht." Finden Sie es gut, was er geschrieben hat? Ich ehrlich gesagt nicht. Aber um Voltaire zu zitieren: „Ich mag verdammen was du sagst, aber ich würde mein Leben dafür geben, dass du es sagen darfst."

Zwischenfall: Während ich das hier auf Arbeit niederschreibe, hatte ich natürlich Pause. Zwangsweise verließ ich den Platz und ging in die Kantine, obwohl das Essen dort mir nicht bekommt. Was soll ich da? Anderen beim Essen zusehen? Oder was soll ich draußen? Den Kanalgestank einatmen?

Auf jeden Fall setzte sich eine Dame an unseren Tisch und hatte ein Problem damit, dass ich während der Unterhaltung mit einem Kollegen das Wort „Scheiße" verwendete, als wir über Disneyfilme redeten. Komisch. Vorhin drüben beim Kochkurs war es kein Problem, als DIE ANDEREN über Gedärme, essbare Augäpfel uvm redeten! Aber WEHE ich verwende das Wort „Scheiße"! DOPPELMORAL!

Dann komme ich wieder zur Arbeit herein und wer sitzt drin und quatscht mit Ihnen liebe Frau Chefin? Frau M. und das offenbar schon länger. Wo sitzt sie? An ihrem Arbeitsplatz. Aber sie darf das natürlich; ist ja einer Ihrer Lieblinge, während Sie mich offenbar hassen. Gut, so ein Gespräch ist ja keine Arbeit und dient der Entspannung, bzw. dem Austausch. Ist ja auch in Ordnung; für mich ist es kein Problem, wenn Sie mit Frau M. an den Arbeitsplätzen sitzen und Ihr Ding machen. Aber warum dürfen dann Herr L. und ich nicht an unseren Plätzen sitzen und uns in unserer Art entspannen?!

Fall 3: Bleiben wir doch ruhig bei dem Schriftsteller Akif Pirincci. Und darüber, wie er wegen einer anderen Rede schon einmal wegen dem Meinungsdelikt „Volksverhetzung" verurteilt wurde. Das war 2017, also zwei Jahre nach seiner Pegida-Rede. Damals wurde der Autor Pirinçci wegen Volksverhetzung zu einer Geldstrafe verurteilt. Das Amtsgericht Dresden sah es als erwiesen an, dass Teile seiner Rede im Herbst 2015 den entsprechenden Straftatbestand erfüllen. „Das Grundrecht auf Meinungsfreiheit ist ein überaus wichtiges Grundrecht", sagte Richterin Daniela Rothermundt in ihrer Urteilsbegründung. Die Grenzen seien aber dann erreicht, „wenn wie hier die Menschenwürde anderer angegriffen wird und wenn gegen eine Gruppe anderer Herkunft zum Hass aufgestachelt wird". Seine Äußerungen hätten das Potential gehabt, „den öffentlichen Frieden zu stören", behauptete die Nachrichtenagentur epd Das Gericht folgte dem Antrag der Verteidigung und setzte das Strafmaß auf 90 Tagessätze zu je 30 Euro an. Die Staatsanwaltschaft hatte in ihrem Plädoyer 120 Tagessätze zu 30 Euro beantragt. Zuvor hatte der 57 Jahre alte Bonner ein Geständnis abgelegt. Der Großteil seiner Rede sei „von der Meinungsfreiheit gedeckt" gewesen. Allerdings würden zwei Passagen zu „stark pauschalisieren", womit er „übers Ziel hinausgeschossen" sei. Nach dem Prozess sagte Pirinçci, es tue ihm „unheimlich leid". Bei einer Demonstration der islamkritischen Pegida-Bewegung Mitte Oktober 2015 in Dresden hatte der türkischstämmige Bestsellerautor vor rund 20.000

Zuhörern Flüchtlinge als „Invasoren" bezeichnet. Über den Familiennachzug der Einwanderer sprach er von einer „Moslemmüllhalde". Die Anklage warf ihm vor, Moslems pauschal beleidigt zu haben. Überdies habe er „Muslime als Vergewaltiger diffamiert"
Schön ist das nicht, aber niemand sollte wegen bescheuerten Worten vor Gericht gezerrt werden. Menschen wegen Meinungen vor Gericht hatten wir in Deutschland schon in zwei Staaten und beide waren übel. Der eine sogar noch übler als der andere. Im Übrigen wäre es mir neu, dass Muslime alle einer bestimmten Rasse oder Volksgruppe angehören. Komischerweise ist es dann auch wieder keine Volksverhetzung, wenn jemand die Deutschen als „Köterrasse" bezeichnet. Es ist auch keine Volksverhetzung, wenn die Leute behaupten, wir Deutschen würden überhaupt nicht existieren. Was mich zu Fall 4 bringt.

Fall 4: Robert Habeck erklärte, er fände Vaterlandsliebe schon immer zum Kotzen und wüsste mit Deutschland bis heute nichts anzufangen. Außerdem meinte er, es gäbe kein Volk und deswegen auch keinen Verrat am Volk. Dieser Logik dürfte es eigentlich auch keine „Volksverhetzung" geben, oder?
Die entsprechenden Zitate können Sie hier nachlesen: https://jungefreiheit.de/politik/deutschland/2018/mit-deutschland-weiss-er-nichts-anzufangen/
Und hier:
https://jungefreiheit.de/debatte/kommentar/2018/zorniger-ausdruck-staatsbuergerlicher-emanzipation/

Tja, die gibt es aber eben doch und die wird, wie alle Regeln der Mächtigen, immer wieder zu Ungunsten der Ohnmächtigen ausgelegt. So werden Leute schon zu Geldstrafen verurteilt und mit Hausdurchsuchungen bereichert, wenn sie die Grünen kritisieren. Ein bayerischer Unternehmer steht vor Gericht, weil er auf zwei Plakaten die Grünen kritisiert hat. Dafür soll er 6.000 Euro Buße zahlen; zumindest verlangt das die Staatsanwaltschaft München II und verhängte deswegen im Einvernehmen mit einem Richter einen entsprechenden Strafbefehl. Ach ist es nicht schön, wenn in unserem Staat Richter und Anwälte einer Meinung sind. Wie sehr diese Menschen übereinstimmen? Tja, vielleicht werden wir das in Zukunft alle ein oder zwei mal in unserem Leben erfahren!

Der Mann legte jedenfalls Widerspruch ein. Nun steht vor Gericht die Frage im Raum: Ist Kritik an den Grünen noch von der Meinungsfreiheit gedeckt oder nicht? Die Polizei hatte die beiden Banner bereits im September, zwei Wochen vor der Landtagswahl in Bayern, von dem Privatgrundstück in Gmund am Tegernsee entfernt und beschlagnahmt. Vorwurf: strafbare Beleidigung von Politikern. Doch handelt es sich wirklich um Beleidigung oder in einer Demokratie zulässige Kritik an den Regierenden?

Auf einem Plakat ist Grünen-Chefin Ricarda Lang auf einer Dampfwalze zu sehen. Neben ihr stehen die Parteifreunde Landwirtschaftsminister Cem Özdemir, Wirtschaftsminister Robert Habeck und Außenministerin Annalena Baerbock. Darüber ist der Satz zu lesen: „Wir machen alles platt". Am Fuß des

Plakats prangt das Habeck-Zitat „Vaterlandsliebe fand ich stets zum Kotzen."

Auf dem anderen Banner ist dann, vermutlich ahnen Sie es schon, der Habeck mit drei abgestreckten Fingern abgebildet – und seinem legendären Satz zu Firmenpleiten: „Unternehmen gehen nicht insolvent, sie hören nur auf zu produzieren". Darunter steht die rhetorische Frage: „Kann er überhaupt bis 3 zählen?"

Die Plakate hat der Unternehmer nicht selbst gestaltet, sondern gekauft. Als sie im August 2023 im hessischen Hanau ebenfalls auf einem Privatgrundstück auftauchten, verurteilten die dortigen Fraktionsvorsitzenden von CDU, SPD und FDP diese in einer gemeinsamen Pressemitteilung als „bedrohlich und menschenverachtend". Die Staatsanwaltschaft aber griff nicht ein. Das ist in Bayern anders. Ankläger und Gericht sahen in beiden Fällen den Straftatbestand der Beleidigung gegen die vier abgebildeten Grünen-Politiker erfüllt und verhängten im November den Strafbefehl. Aufgrund des Widerspruchs des Beschuldigten wird der Fall nun am 21. März um 11 Uhr vor dem Amtsgericht Miesbach verhandelt. Die Sitzung ist öffentlich. Der Anwalt des Unternehmers, Christoph Partsch, ist zuversichtlich. Dem Cicero, der zuerst über den Fall berichtete, sagte er: „Der Inhalt des Plakats ist vollumfänglich von der in Artikel 5 des Grundgesetzes verbürgten Meinungsfreiheit gedeckt." Damit mag er recht haben, aber welche Parteibücher haben die Richter in Deutschland? Dem Anwalt scheint nicht ganz klar zu sein, dass Recht hat wer Macht hat…

Fall 5: Noch ein Blick nach Kanada. Ja, Kanada ist ein schönes, weites Land. Darum schauen wir uns einen weiteren Fall von dort an. Der ist zwar schon zwei Jahre her, aber trotzdem sehr bezeichnend. Und es ist ja dieselbe Regierung, die wir dort auch heute noch haben, und die nun Leute wegen Worten lebenslang wegsperren will. Damit will ich zeigen; es ist eine Steigerung!

So hat 2022 die Polizei in Kanadas Hauptstadt Ottawa führende Organisatoren des sogenannten „Freedom Convoy" verhaftet. Videoaufnahmen in den sozialen Netzwerken zeigen die Festnahme von Tamara Lich, die den Konvoi der kanadischen Trucker mitinitiiert hatte. Kurz zuvor war mit Chris Barber eine weitere Führungsfigur verhaftet worden. Beiden werde Anstiftung zur Sachbeschädigung vorgeworfen, während Barber unter anderem auch wegen Behinderung der Justiz angeklagt sei, sagte ein Anwalt dem Sender Global News. Konkret ging es damals um Proteste gegen die Coronamaßnahmen! Erinnern Sie sich noch an diese Maßnahmen? Erinnern Sie sich noch an die Sinnhaftigkeit der Maßnahmen? Was haben sie gebracht? Ach, darauf gehen wir gleich ein. Erstmal weiter zu Kanada:

Dort gab es 2022 eine großflächige Räumung der blockierten Straßen in der Hauptstadt. „Maßnahmen stehen unmittelbar bevor", warnte Ottawas Interimspolizeichef Steve Bell damals und die Warnung wurde umgesetzt. In den Tagen davor hatte das Kabinett von Premierminister Justin Trudeau den sogenannten „Emergency Act" eingeführt, um damit laut eigenen Angaben die öffentliche Ordnung wiederherzustellen. In Wahrheit ging es nur darum, seine weltfremde

❤❤❤❤❤❤❤❤❤❤❤❤❤❤❤❤❤❤❤❤❤

Regierung vor friedlichen Demonstranten zu schützen, aber dabei war dann bei uns in der Presse nichts zu lesen! Mit dem Gesetz kann die Teilnahme an Versammlungen verboten werden, können bestimmte Firmen wie Abschleppdienste verpflichtet werden, auf staatliche Anweisungen zu handeln, sowie Banken gezwungen werden, ohne Gerichtsbeschluss Konten zu sperren. Dazu können Geldstrafen von bis zu 5.000 kanadischen Dollar oder Freiheitsstrafen von bis zu fünf Jahren für diejenigen verhängt werden, die gegen eine der genannten Anordnungen verstoßen.

Die stellvertretende Premierministerin Chrystia Freeland erklärte dann auch ziemlich schnell, dass erste Banken bereits Konten von Personen eingefroren hätten, die mit den Demonstrationen in Ottawa in Verbindung stünden. In den kommenden Tagen sollen weitere folgen. Laut Freeland, die auch Finanzministerin ist, haben die Strafverfolgungsbehörden Informationen über die Demonstranten und ihre Unterstützer gesammelt und diese Informationen an die Finanzinstitute weitergegeben, um den Zugang zu Bargeld aber auch Kryptowährungen zu beschränken. Das Gesetz erlaubt es den Banken auch, die Konten von Spendern einzelner Crowdfunding-Kampagnen zu schließen. Nach der Entscheidung der Regierung begannen offenbar zahlreiche Kanadier ihr Bargeld von den Banken abzuheben. Laut der Tech-Nachrichtenseite „Bleeping Computer" waren fünf große kanadische Banken, darunter die Royal Bank of Canada (RBC) sowie die Bank of Montreal (BMO), am Donnerstag über mehrere Stunden offline. Sie blockierten den Zugang zum Online- und Mobile-Banking sowie zu elektronischen

Überweisungen für ihre Kunden. Auch im kanadischen Parlament geht es seit der Einführung des „Emergency Act" hoch her. Als die jüdische Abgeordnete Melissa Lantsman (Konservative Partei) dem Premierminister am Donnerstag aufgrund früherer Äußerungen Doppelmoral vorwarf, reagierte Trudeau mit einem Nazi-Vorwurf. „Mitglieder der konservativen Partei können mit Leuten zusammenstehen, die Hakenkreuze schwenken, sie können mit Leuten zusammenstehen, die die Konföderierten-Flagge schwenken", antwortete er. Seine Partei werde an der Seite der Kanadier stehen, die es verdienen, an ihren Arbeitsplatz zu gelangen und ihr normales Leben zurückzubekommen. Lantsman forderte anschließend eine Entschuldigung, die Trudeau laut der Toronto Sun bislang verweigert.

Sie sehen; wenn es den Machthabern passt, sind sogar schon Juden „Nazis".

Übrigens: Der „Freiheitskonvoi", der sich ab dem 28. Januar 2022 in Ottawa befans, begann als Reaktion auf die Entscheidung der Regierung, von kanadischen Lkw-Fahrern, die die US-Grenze überqueren, zu verlangen, dass sie vollständig geimpft sind.

Übrigens wird es in Kanada immer schlimmer. Birgit Kelle erklärte dazu auf twitter (beziehungsweise X) folgendes:

„#Trudeau zündet in Kanada die nächste Stufe eines Überwachungsstaates. Ein neues Gesetz soll der Polizei erlauben, jemanden unter Hausarrest und Kommunikationsverbot inklusive elektronischer Fußfessel zu setzen und zwar zur Prävetion möglicher zukünftiger Hate-Crime-Taten. Im Klartext: Man will sich die Option verschaffen Menschen wegzuschließen

♥ ♥ ♥ ♥ ♥ ♥ ♥ ♥ ♥ ♥ ♥ ♥ ♥ ♥ ♥ ♥ ♥ ♥

und mundtot zu machen auf Verdacht, sie könnten in der Zukunft Verbrechen begehen. Das ist George Orwell in Realtime. Die wahre Fratze der Wokefront ist totalitär bis aufs Mark."
Quelle:
https://twitter.com/Birgit_Kelle/status/17681808673676 17018

Fall 6: <u>Corona!</u>
Eigentlich sollte mit dem Wort „Corona" alles gesagt sein! Die Regierung hat komplett versagt und das auf dem Rücken der Bürger. Menschen wurden, weil sie ohne Masken in Parks waren, von Hubschraubern gejagt! Friedliche Demonstranten wurden mit Pfefferspray beschossen!
Und dann wurden die Leute genötigt sich impfen zu lassen! REGELN!!!!
Und wer nicht mitmachte, war seinen Job los, durfte etliche Dinge nicht mehr tun und wurde sozial ausgegrenzt! Und wenn jetzt Leute über „Impfschäden" klagen, heißt es, „Sie haben sich doch freiwillig" impfen lassen. Das klingt so ähnlich, wie wenn Sie im Bezug auf die Pausenzeiten sagen „Wir hatten doch eine Absprache". Nein! Hatten wir nicht! Sie haben uns gezwungen und halten sich selbst nicht dran! Es ist nicht dasselbe, denn bei den Impfungen wurden etliche Menschen geschädigt, aber es ist dasselbe Prinzip! Wir werden zu etwas genötigt was wir nicht wollen, und dann ist von Seiten der Mächtigen von Dingen wie „Freiwilligkeit" und „Absprachen" die Rede!
Sehen wir uns die Impfschäden einmal an: Eine groß

♥ ♥ ♥ ♥ ♥ ♥ ♥ ♥ ♥ ♥ ♥ ♥ ♥ ♥ ♥ ♥ ♥ ♥ ♥ ♥

angelegte Studie an fast 20.000 gegen Corona Geimpfte bringt bedenkliche Erkenntnisse zutage. Laut den italienischen Forschern klagten mehr als 30 Prozent der Geimpften über neurologische Beeinträchtigungen wie Kopfschmerzen, Schläfrigkeit und Schwindel aber auch Sehstörungen, Missempfindungen der Haut und Schmerzen. Seltene Beeinträchtigungen waren ein unkontrollierbares Zittern von Körperteilen, meist der Hände, Muskelkrämpfe, plötzliches Doppeltsehen, Tinnitus, Geschmacks- und Geruchsstörungen sowie Beeinträchtigungen der Stimme. Die Befragung wurde bereits im Juli 2021 durchgeführt, aber die Ergebnisse jetzt erst veröffentlicht. Damals hatten die Geimpften maximal zwei Impfungen erhalten, mittel- und langfristige Beeinträchtigungen sind in den Daten nicht enthalten. Hier können Sie die Studie nachlesen: https://www.mdpi.com/2076-393X/11/10/1621

Es hat für uns kleine Leute oftmals üble Folgen, wenn wir uns an die Regeln der Mächtigen halten!

Gegen Roberto Speranza, Gesundheitsminister der italienischen Regierung in der Zeit der Corona-Maßnahmen, wird von der Staatsanwaltschaft Rom ermittelt. Er verantwortete die Impfkampagne. Die Ermittlungen sind die Folge von Beschwerden im Zusammenhang mit den sogenannten „AIFA-E-Mails" der italienischen Arzneimittelbehörde. Es wird auch gegen den ehemaligen Direktor der AIFA, Nicola Magrini, ermittelt. Durch Veröffentlichung dieser interner E-Mails der AIFA war bekannt geworden, dass diese von Anfang an über die Gefährlichkeit der Corona-Impfung Bescheid wusste. Der verantwortliche Minister und der Chef der Arzneimittelbehörde hätten wissentlich und willentlich die ahnungslosen Italiener diesem Risiko ausgesetzt, so der Vorwurf. Ja, sie motivierten die Italiener, sich impfen zu lassen, für bestimmte Berufsgruppen wurde sogar die Impfpflicht erlassen. Entsprechend viele Nebenwirkungen, auch tödliche, traten zutage. Die Ermittlungen laufen wegen Mordes, schwerer Körperverletzung etc., weil Speranza und Magrini nachweislich Anweisung, auch an die lokalen Sanitätsbehörden, gegeben hatten, die sofort nach Beginn der Impfungen aufgetretenen Todesfälle und schweren Nebenwirkungen zu verschweigen, um die Impfkampagne nicht zu gefährden und die Bürger in Sicherheit zu wiegen. Dafür sollen sich der zuständige Minister und der AIFA-Chef nun verantworten, so die Beschwerdeführer von Polizeigewerkschaften und der Finanzpolizei sowie von der privaten Organisation „Listen to me", die 4.200 Impfgeschädigte vertritt. Für Polizisten und Lehrer galt in Italien die Corona-Impfpflicht.

Wir sehen: Roberto Speranza hat sich brav an die Regeln des damals herrschenden Zeitgeistes gehalten und jetzt hat sich der Wind gedreht und er ist im Arsch. So schnell kann es gehen. Wäre es nicht besser für ihn gewesen, instinktiv die bescheuerten Regeln als das zu erkennen was sie sind und entsprechend dem Anstand und der Moral zu handeln???

Fall 7: Reden wir doch mal über Michael Ballweg. Im Juni 2022 nahm die Staatsanwaltschaft Stuttgart Ballweg wegen des Verdachts auf versuchten Betrug, Geldwäsche und Steuerhinterziehung im

Zusammenhang mit Querdenken 711 fest. Als Querdenker hatte Ballweg viele Leute um sich gesammelt, mit denen er dann friedlich gegen die BRD-Regierungspolitik demonstriert hatte. Das hat offenbar einigen Leuten nicht geschmeckt und so kam er erstmal in den Knast. „Untersuchungshaft" nennen die das glaube ich. Wenig überraschend war er offenkundig unschuldig, aber man hatte ihn für viele Monate aus dem Verkehr gezogen. Im Oktober 2023 lehnte das Landgericht Stuttgart die Eröffnung eines Hauptverfahrens wegen versuchten Betruges und Geldwäsche ab, da kein hinreichender Tatverdacht bestehe, und ließ nur die Anklage zum Vorwurf der Steuerhinterziehung zu. Ballweg wurde aus der Untersuchungshaft entlassen und sein Vermögen freigegeben. Die Staatsanwaltschaft legte dagegen Beschwerde ein. Zum Vorwurf der Steuerhinterziehung gibt es noch folgendes zu berichten: Soweit ich das mitbekommen habe, wurde dieser Vorwurf erhoben, während er schon im Knast saß; ohne Handy und ohne Internet. Er konnte also keine Steuererklärung machen und DAS werfen die ihm jetzt ernsthaft auch noch vor. Und da wundern die Machthaber sich dann, wenn man zu dem Schluss kommt, dass es hier darum geht einen Regierungskritiker zum Schweigen zu bringen.

Kann eben gut sein, dass die Machthaber ein Exempel statuieren wollen. Frei nach Mao: „Bestrafe einen, erziehe hundert".

Eventuell wäre es für Sie ja mal interessant einmal nachzuforschen, wie viele unserer heute mächtigen Politiker früher in kommunistischen Gruppen als Fans von Mao, Pol Pot und Stalin herumliefen. Sie können ja

♥♥♥♥♥♥♥♥♥♥♥♥♥♥♥♥♥♥♥♥♥

mal nachforschen; ich nenne hier jetzt keine Namen, aber die Entsprechenden sind leicht zu finden und bekleiden heute hohe Ämter.

Von Mao stammt übrigens die Erkenntnis: „Bestrafe einen, erziehe hundert!" Das könnte sich auch der Schuldirektor im Fall Miriam gedacht haben! Eine Schülerin wurde vor der ganzen Klasse mit Hilfe der Polizei gedemütigt, obwohl sie nichts gemacht hatte! Nur kundgetan, dass sie ihre Heimat liebt und das Deutschland mehr für sie ist als ein Ort!

Zu Recht wurde in der Jungen Freiheit folgendes gefragt: "Wo sind wir eigentlich hingekommen in diesem Land? Die Frage zu stellen, heißt, sie zu beantworten. Wenn drei Polizisten eine Schülerin während des laufenden Unterrichts aus dem Klassenraum abholen – vor den Augen ihrer Mitschüler – in dem Wissen, daß nichts gegen sie vorliegt, ist der Tiefpunkt erreicht. Ist die Schmerzgrenze überschritten. Hier ging es nicht um die Ermittlung eines Sachverhalts, es ging auch um Einschüchterung. Man möchte den Beamten zurufen, ob sie wirklich nichts anderes zu tun hätten. Wie gesagt: Noch bevor das Mädchen in Schwerverbrechermanier ins Lehrerzimmer abgeführt wurde, wußten die drei Beamten, daß es hier nichts zu ermitteln gibt. Weder ist es verboten, irgendwelche AfD-Schlümpfe auf TikTok zu posten, noch Deutschland als Heimat zu bezeichnen. Und daß Deutschland nicht nur ein Ort auf der Landkarte ist, sondern Heimat, ist doch wohl selbstverständlich."

Quelle: https://jungefreiheit.de/debatte/kommentar/2024/am-tiefpunkt-angekommen/

♥♥♥♥♥♥♥♥♥♥♥♥♥♥♥♥♥♥♥♥♥♥

Fall 8: Prominente spielen eine wichtige Rolle in unserem Land. Denn Prominente könnten etwas für die Freiheit in unserem Land tun. Denken Sie an Jan Josef Liefers und die Erklärung, die er und viele andere in Sachen Corona und Meinungsfreiheit abgegeben haben. Die Aktion "#allesdichtmachen", an der er teilnahm, kritisierte die Coronamaßnahmen und half dabei den immer enger werdenden Meinungskorridor etwas zu öffnen. Letzten Endes waren es Promis wie Liefers (und auch Nena, die klare Kante zeigte), die die Politiker dazu nötigten die Coronamaßnahmen zu beenden. Nur weil Leute aus der Mainstreamprominenz ausbrachen und gegensteuerten, änderte sich ein bisschen was zum Besseren.

Liefers mit seiner DDR-Erfahrung wusste schon, warum er bei dieser Aktion mitmachte, denn ein Anzeichen für ein gegen das eigene Volk gerichtetes System ist es, wenn die Justiz nicht mehr nach Recht und Gesetz urteilt, sondern sich als Vollstrecker der jeweiligen Regierungspolitik erweist und damit das Recht beugt. So wurde eine unbescholtene Ärztin dafür zu einer Haftstrafe von zwei Jahren und neun Monaten verurteilt und mit Berufsverbot belegt, weil sie in den Jahren 2020/2021 Atteste ausgestellt hatte, ohne die Patienten persönlich zu untersuchen. Das geschah zu einer Zeit, in der Krankschreibungen telefonisch erfolgten. Man warf der Medizinerin aus Oberbayern einfach vor, sie hätte falsche Atteste ausgestellt. Selbst wenn das stimmt; hat sie denn irgendwem geschadet? Wohl kaum. Vergewaltiger und sogar Kindesentführer bekommen

Bewährungsstrafen, aber wehe jemand widerspricht der vorherrschenden Ideologie. Im Falle der Coronapolitik war das die Panik vor einem Virus, wegen der Millionen Menschen genötigt wurden Masken zu tragen, Verwandte nicht zu besuchen und sich impfen zu lassen. Letzteres hatte enorme Folgeschäden bei zehntausenden Menschen. Googlen Sie mal nach den Impfschäden, Sie werden schockiert sein.

Müssen die Politiker, die uns in unseren Wohnungen einsperrten, Polizisten mit Wasserwerfern auf friedliche Demonstranten feuern ließen und viele Kinder durch die Maßnahmen in ihrer sozialen Entwicklung behinderten, dafür vor Gericht? Nein, aber eine Ärztin, weil sie angeblich falsche Atteste ausstellte wird angeklagt und weggesperrt.

Fall 9: Nicht nur werden in der BRD Oppositionelle wie Ballweg politisch verfolgt, nein, man macht sie sogar im Ausland fertig. Schauen Sie sich im Netz mal das Leben des deutschen Journalisten Billy Six an. Er saß zweimal im Knast. Nicht in Deutschland, sondern in Syrien und Venezuela. Beide Male, weil er dort als Journalist nachforschte; in Syrien jedoch weil man ihn erst für einen Islamisten hielt. Man verzichtete jedoch auf seine Hinrichtung, weil man Fotos von Frauen im Bikini auf seinem Laptop fand und so zu dem Schluss kam: "Hm. Vielleicht ist es doch wahr, wenn er uns erzählt, er habe hier nur unter Islamisten recherchiert..." Nun liebe Frau Vorgesetzte, fragen Sie sich gewiss was das mit der BRD-Politik zu tun hat? Ganz einfach: Rausgeholt wurde er beide Male dank der Kontakte des

♥♥♥♥♥♥♥♥♥♥♥♥♥♥♥♥♥♥♥♥♥♥♥

oppositionellen Lagers zu Russland. Die BRD-Behörden haben nichts unternommen, um ihn freizubekommen. Das wurde, wenn ich die folgende Netzseite richtig verstehe, sogar offiziell bestätigt. Hier der Link:
https://www.bundestag.de/presse/hib/kurzmeldungen-954570
Darin heißt es: „'Verfahren des Journalisten Billy Six gegen das Auswärtige Amt' lautet der Titel einer Kleinen Anfrage der AfD-Fraktion (20/7299). Wie die Fragesteller darin schreiben, habe ein Rechtsanwalt im Verfahren vor dem Berliner Verwaltungsgericht im Namen des Auswärtigen Amts" offenbar nun für alle sichtbar „festgestellt, ‚dass sich seine Mandantin während der nach Auffassung der Fragesteller politisch motivierten Inhaftierung von Billy Six 2018/19 in Venezuela nicht für dessen Freilassung eingesetzt habe'. Die Bundesregierung soll vor diesem Hintergrund unter anderem ihre Aussage im Deutschen Bundestag erklären, sie habe gegen die Verhaftung offiziell protestiert." Nun mag ich die AfD bekanntermaßen nicht besonders, aber immerhin hat sie sich für den Journalisten dessen Buch „Marsch ins Ungewisse" über seine Syrienreise ich von ihm mal persönlich signiert bekam, eingesetzt. Aber durch sie wurde nur das Offensichtliche bestätigt. Etwas was jeder, der um unser Land besorgt ist und von den Machthabern als „Querdenker" oder „Besorgter Bürger" abgekanzelt wird, schon wusste. Es ist den Machthabern egal, wenn deutsche Journalisten in ausländischen Gefängnissen festsitzen; sofern die deutschen Journalisten auch die BRD-Regierung kritisieren. Für den linken Journalisten

♥♥♥♥♥♥♥♥♥♥♥♥♥♥♥♥♥♥♥♥♥♥♥

Deniz Yücel setzte der BRD-Staat alle Hebel in Bewegung. Aber Yücel bejubelt ja auch die Abschaffung des bei den Politikern der Blockparteien verhassten Deutschlands. Er erklärte unter dem Titel „Kolumne Geburtenschwund – Super, Deutschland schafft sich ab!" folgendes über den Bevölkerungsrückgang in Deutschland: „Der baldige Abgang der Deutschen aber ist Völkersterben von seiner schönsten Seite."

War das „Volksverhetzung"? Offenbar nicht. Den Deutschen das Aussterben zu wünschen ist anscheinend kein Problem.

DOPPELMORAL!

Tja und wie reagierte der Mann auf Kritik daran? Nun, Leute wie er reagieren meistens auf zweierlei Arten auf Kritik. Entweder werfen sie ihren Kritikern vor „Nazis" zu sein oder sie behaupten „War ja bloß Satire". Im Falle Yücels entschied sich sein Lager dazu, den Text als Satire hinzustellen. Der Vergleich Yücel/Six zeigt was für Prioritäten die etablierten Parteien in Deutschland setzen. Wer die Deutschen weg haben will wird gefördert und beschützt und wer die Deutschen erhalten möchte, wird im ausländischen Knast sitzen gelassen oder sogar rechtsstaatlich in der BRD verfolgt. Eine Antwort auf die oben zitierte „Kleine Anfrage" ist mir übrigens nicht bekannt... Aber lassen wir doch Herrn Billy Six Vater in diesem Fall zu Wort kommen. Der hatte nämlich nach der damaligen Verhaftung in Venezuela alle 709 BRD-Bundestagsabgeordneten angeschrieben und um Hilfe gebeten. Leider haben die meisten nicht geantwortet oder auf das Auswärtige Amt verwiesen. Am Ende hat sich außer der AfD nur jeweils ein Abgeordneter der Linkspartei und der CDU für die Forderung der Familie nach einer Freilassung des Sohnes eingesetzt. Nachdem Billy Six dann endlich frei und wieder in Deutschland war, sagte er der „größte Gegner" sei nicht „der Diktator von Venezuela, sondern die deutsche Regierung" gewesen. Der Fall ist beispielhaft für die „Ideologisierung der deutschen Außenpolitik" unter Führung der SPD, wie es ein Obmann im Auswärtigen Ausschuss des Bundestags, Petr Bystron, seinerzeit erklärte. Er beklagte sich, dass im Falle des einst in der Türkei inhaftierten „Welt"-Journalisten Deniz Yücel das Auswärtige Amt die Freilassung „sofort" gefordert habe und schon bald ein Besuch des Botschafters erfolgt sei. Auch Herr Bystron hat also das Messen mit zweierlei Maß in der heutigen BRD erkannt. Vielleicht werte Chefin möchten Sie sich ja mal mit Herrn Six treffen und mit ihm darüber sprechen wie es so im heutigen Deutschland läuft und was man tun kann damit es besser wird? Wenn ja, würde ich Ihnen als Treffpunkt die „Bibliothek des Konservatismus" oder die „Gedenkbibliothek zu Ehren der Opfer des Kommunismus" empfehlen. Beide liegen in Berlin, sind sehr schön, das Personal ist sehr nett und in Ersterer hat Herr Six vor Jahren sein Buch „Marsch ins Ungewisse" über seine Abenteuer in Syrien geschrieben. Ich bekam damals wie schon erwähnt ein signiertes Exemplar und lernte den Autor persönlich kennen. Ein sehr netter, engagierter Mann. Meines Erachtens der legitime Erbe von großen Journalisten wie Peter Scholl-Latour.

Fall 10: Ein weiterer Fall von DOPPELMORAL! Wenn gewisse Leute Deutschland beleidigen ist das offenbar kein Problem. Sie dürfen über uns offenbar problemlos verkünden: „Deutschland verrecke!", „Nie wieder Deutschland" oder „Deutschland, du mieses Stück Scheiße". Das sie Letzteres sagen dürfen hat sogar der Staat den sie damit beleidigt haben per Gerichtsurteil quasi bestätigt. Nachzulesen hier in der „B.Z.": https://www.bz-berlin.de/archiv-artikel/griechen-demo-verfahren-wegen-transparent-eingestellt

„Das Ermittlungsverfahren gegen 21 Demonstranten, die am vergangenen Freitag ein mutmaßlich staatsverunglimpfendes Transparent gehalten hatten, wird eingestellt", heißt es bezüglich des Falles laut Polizeisprecher Thomas Neuendorf in der „B.Z." Mitglieder der linken Gruppe „Theorie Organisation Praxis Berlin (TOP)" hatten mit der prägnanten Aufschrift „Deutschland, du mieses Stück Scheiße" demonstriert. Wollen Sie meine Meinung dazu hören? Voltaire hat (wie ich weiter oben schon zitierte) dazu gesagt: „Ich mag verdammen was du sagst, aber ich würde mein Leben dafür geben, dass du es sagen darfst." Meines Erachtens sollten auch solche ekelhaften Beleidigungen durch die Redefreiheit gedeckt sein. Womit ich dann aber doch ein Problem habe ist die Doppelmoral der Staatsangestellten in solchen Fällen. Linke dürfen Deutschland (wohlgemerkt das Land und offenbar nicht den Staat, denn sonst hätten sie ja über den „BRD-Staat" geschrieben) beleidigen wie sie wollen, aber wenn irgendjemand mal die Coronamaßnahmen kritisiert und dabei den Staat als „Drecksstaat" bezeichnet, wird gleich gegen ihn

♥♥♥♥♥♥♥♥♥♥♥♥♥♥♥♥♥♥♥

ermittelt und er wird fertiggemacht. Sogar die eher linksliberale „Welt" meinte dazu: „Ein Student bezeichnete Deutschland als ‚Drecksstaat', weil er in Coronazeiten nicht mit seiner Oma Geburtstag feiern konnte. Strafe: 1500 Euro. Zu Recht werden Menschen vor Beleidigung geschützt. Aber der Staat sollte das nicht nötig haben." Hier der Link: https://www.welt.de/debatte/kommentare/article247454 650/Deutschland-Drecksstaat-Schimpfen-auf-den-Staat-ist-keine-Straftat.html
Die „Welt" wird auch mal ihrer Aufgabe als Presseerzeugnis gerecht und stellt fest, wie hier bei uns mit zweierlei Maß gemessen wird: „Einen Bericht über die Strafanzeige des Präsidenten des Verfassungsschutzes, Hans-Georg-Maaßen, gegen das Medium ‚Netzpolitik.org' kommentierte Ralph K. 2015 so: ‚Ein korrupter Drecksstaat war (Deutschland) schon immer...' Wenn aber das Zufallsprinzip bestimmt, wer verfolgt wird, sind die Grundsätze der Gleichheit vor dem Gesetz und der Verhältnismäßigkeit verletzt. Das schadet dem Ansehen des Staates viel mehr als das Geschimpfe von Menschen mit niedriger Frustrationstoleranz."
Es wäre schön, wenn das mehr Menschen erkennen würden und vor allem wenn gewisse Übergutmenschen in mächtigen Positionen einfach mal lernen würden, harmlose Spinner und Regierungskritiker von echt gefährlichen Typen (wie sie derzeit Berlin unsicher machen!) zu unterscheiden. Ich meine, in den USA wäre niemand auf die Idee gekommen Kaiser Norton I zu verhaften :-). Aber eventuell können die Mächtigen ja tatsächlich echte Bedrohungen von falschen

♥♥♥♥♥♥♥♥♥♥♥♥♥♥♥♥♥♥♥♥♥♥♥♥

unterscheiden und meiden deswegen bewusst die echten Bedrohungen, weil sie wissen das diese Typen wirklich zurückschlagen?

Sie erinnern sich an die Sache mit Kaiser Norton? Wenn nicht, hier noch mal eine kleine Auffrischung in Form eines „Zwischenfalls".

Zwischenfall: In der guten, alten Zeit hatten die Vereinigten Staaten von Amerika tatsächlich mal einen Kaiser. Allerdings einen Selbsternannten. Joshua Abraham Norton ernannte sich selbst im Jahre 1859 zu „Kaiser Norton I.", dem „Kaiser der Vereinigten Staaten" und „Schutzherrn von Mexiko". Der Kaiser war bei den Bürgern von San Francisco wegen seines Humors, seines höflichen Verhaltens und seiner „kaiserlichen Erlasse" sehr beliebt. Seine aufsehenerregendsten Befehle waren die Auflösung des US-Kongresses und die Errichtung einer Brücke über die San Francisco Bay. Letzterer wurde in Form der heutigen Bay Bridge sogar verwirklicht, allerdings wurde die Brücke lange nach Nortons Tod errichtet. Auch Künstler wurden von Norton inspiriert. Mark Twain schuf seine Figur des Königs in Huckleberry Finn angeblich nach dem Vorbild Nortons. Christopher Moore setzte ihm in vielen seiner Bücher ebenfalls ein literarisches Denkmal, allerdings als „Kaiser von San Francisco und Protektorator von Mexiko".

Der am 17. Januar 1811 in England geborene Norton war zunächst als Geschäftsmann tätig, ging aber dann pleite und wurde einigen Theorien zufolge deswegen so seltsam. Immerhin konnte er trotz seiner Armut ein

♥♥♥♥♥♥♥♥♥♥♥♥♥♥♥♥♥♥♥♥♥♥

gutes Leben führen. Man ließ ihn ab und an in den feinsten Restaurants essen gehen und deren Besitzer hängten Schilder mit der Aufschrift „Im Dienste Seiner Kaiserlichen Majestät, Kaiser Norton I. der Vereinigten Staaten" an die Eingänge. Es heißt, diese Plaketten hätten wirklich einen positiven Einfluss auf die Geschäfte dieser Restaurants gehabt. Auch die Politiker in San Francisco waren sehr nett zu Norton; anders als es die Politiker in der heutigen BRD wohl gewesen wären, die sich wegen jeder Kleinigkeit aufregen und jedem harmlosen Spinner grundlos das Leben schwer machen, nur weil er in seiner eigenen Welt leben möchte. Norton jedenfalls hatte keine größeren Probleme in der Stadt. San Francisco ehrte Norton, indem sie ihm, als seine Uniform abgenutzt war, einen angemessen majestätischen Ersatz schenkte. Der Kaiser dankte den Stadträten und nobilitierte jeden von ihnen durch Übersendung eines Adelsbriefes. Woher kam diese Sympathie der örtlichen Politiker für Norton? Vielleicht weil er am 4. August 1869 sowohl die demokratische als auch die republikanische Partei per kaiserlichem Erlass abschaffte. Eventuell gefiel das den Bürgern und Politikern, von denen noch heute viele gerne ihre Unabhängigkeit von Washington erklären würden. Vielleicht waren sie ihm aber auch dankbar, weil es in den 1860ern und 1870ern oft antichinesische Demonstrationen in den ärmeren Stadtvierteln von San Francisco gab. Einige Male wurden daraus blutige Unruhen. Bei einem dieser Vorfälle soll sich Kaiser Norton I. zwischen die Fronten der Aufständischen und der angegriffenen Chinesen gestellt und geneigten Hauptes immer wieder das Vaterunser gesprochen haben, bis sich der Mob zerstreute. Das ist schon ziemlich kaiserliches Verhalten. Könnten sich unsere Politiker im heutigen Berlin gerne ein Beispiel daran nehmen.

Leider endete Herrschaft des Kaisers Norton I. am Abend des 8. Januar 1880. Auf dem Weg zu einer Vorlesung an der National Academy of Sciences brach der gute Mann auf der Straße zusammen. Ein Polizeibeamter verlangte nach einer Kutsche, um den Kaiser in ein Krankenhaus zu bringen. Der Herrscher starb jedoch, noch bevor die Kutsche ihn erreichte. Am nächsten Tag veröffentlichte der San Francisco Chronicle auf seiner Titelseite einen Nachruf, in dem unter anderem folgendes stand: „Auf dem elenden Pflaster, im Dunkel einer mondlosen Nacht im tropfenden Regen und umgeben von einer rasch versammelten Menge staunender Fremder, verstarb Norton I., von Gottes Gnaden Kaiser der Vereinigten Staaten und Schutzherr von Mexiko."

Laut den historischen Aufzeichnungen kamen um die 30.000 Menschen, die die Straßen säumten, als der Sarg zum Friedhof gebracht wurde. Der Leichenzug, der dem Sarg folgte, soll knapp zwei Meilen lang gewesen sein. Der Kaiser fand seine erste Ruhestätte auf dem Freimaurerfriedhof von San Francisco. Im Jahr 1934 wurden die Gebeine des Kaisers umgebettet. Seitdem ruht Joshua Norton auf dem Woodlawn-Friedhof in Colma, Kalifornien. Der Grabstein bezeichnet ihn ehrenhafterweise als „Norton I., Kaiser der Vereinigten Staaten, Schutzherr von Mexiko". Im Januar 1980 gab es in San Francisco eine Reihe von Zeremonien und Gedenkveranstaltungen anlässlich des 100. Todestages

♥♥♥♥♥♥♥♥♥♥♥♥♥♥♥♥♥♥♥♥♥

des einzigen Kaisers der Vereinigten Staaten. Gerade in San Francisco erfreut sich Norton bis heute großer Beliebtheit. Der Autor dieser Zeilen hatte im Übrigen die große Freude drei der Christopher Moore (den ich eben erwähnte) Bücher zu lesen, in denen der Kaiser auftrat. Es handelte sich um die Vampirromanreihe „Lange Zähne", „Liebe auf den ersten Biss" und „Ein Biss sagt mehr als tausend Worte". Tolle Werke. Nun sollten wir aber mit Fall Nummer 11 weiter machen.

Fall 11: Eigentlich sind das mehrere Fälle. Haben Sie als Berlinerin schonmal den „Görlitzer Park" oder den „Volkspark Hasenheide" besucht? Wenn ja, was sagen Sie zu den dortigen Drogendealern und dagegen das die Politik kaum etwas dagegen unternimmt? Was sagen Sie als Berlinerin dazu, dass irgendwelche Pseudokünstler ernsthaft mal ein Denkmal für Drogendealer errichtet haben? Gleichzeitig kümmert sich der Staat null um das Denkmal von Turnvater Jahn, welches im Volkspark steht und ständig zugemüllt wird. Im Gegenteil. Stattdessen hacken Politiker der Blockparteien immer wieder auf Helden der deutschen Befreiungskriege wie Turnvater Jahn herum. Der Mann hat für unser Land und Volk gekämpft und zum Dank spucken diese Leute, die sich heute für die besten aller Menschen halten, auf ihn und seine Leistungen. Immerhin der "Vereinigte Staaten von Europa"-Schnapsideenbefürworter Horst Bosetzky schrieb ein gutes Buch über ihn, nachdem er eine Art Vision im Volkspark vom Turnvater hatte. Trotz seiner politischen Einstellung war Bosetzky einer der besten Krimiautoren Deutschlands. Leider ist dieses

♥♥♥♥♥♥♥♥♥♥♥♥♥♥♥♥♥♥♥♥♥

Berliner Urgestein vor einigen Jahren verstorben.

Um aber bei den Parks zu bleiben: Dieses und zahlreiche andere Probleme der "bunten" Gesellschaft werden einfach ignoriert, weil es lösen zu wollen würde bedeuten es als Problem zu erkennen und es als Problem zu erkennen würde bedeuten, zu fragen wo es herkommt? Und zu fragen wo es herkommt würde die negativen Seiten der multikulturellen Gesellschaft offenlegen.

Sollten Sie Berlin angesichts der herrschenden Zustände noch für "arm, aber sexy" halten, dann streichen Sie nun ruhig das "sexy".

Um hier aber nicht nur Schlechtes über multikulturelle Gesellschaften zu sagen, schauen wir uns doch einmal Gesellschaften dieser Art an die funktioniert haben:
-Österreich-Ungarn
-Osmanisches Reich
-Russisches Zarenreich
Nun müssen wir uns die Frage stellen warum diese Gesellschaften funktioniert haben? Man findet die Gründe übrigens auch in Titos Jugoslawien, aber das hatte ich nicht aufgelistet, weil es nicht Jahrhunderte hielt. Alle diese Länder hatten:
-Starke Herrscher
-Starke Leitkultur
-Starke Armeen
-Äußere Feinde, die den inneren Zusammenhalt stärkten
-Eine dominante Religion
Diese Länder hatten Ziele, mit denen sie die Menschen mitreißen konnten. Das Osmanische Reich wollte

♥♥♥♥♥♥♥♥♥♥♥♥♥♥♥♥♥♥♥♥♥♥

Europa erobern und Österreich-Ungarn wollte das Osmanische Reich daran hindern. Sowas verbindet. Zudem hatten diese Länder Erfolge vorzuweisen; wie die USA und Russland dehnten sie sich eine Zeit lang immer weiter aus.

Nun muss man sich fragen, welche Ziele die heutige, zwangsweise multikulturalisierte BRD hat? Zunächst einmal bleibt bei uns festzuhalten, dass uns sowohl starke Herrscher als auch eine starke Armee fehlen. Die Bundeswehr wurde kaputtgespart und geistig demoralisiert, indem sogar auf Soldaten herumgehackt wurde, wenn sie ein Bild von Helmut Schmidt (SPD) in Wehrmachtsuniform herumhängen hatten. Habe vor einigen Wochen ein altes Interview mit Schmidt aus den 90ern gesehen. Habe die ersten zehn Minuten verpasst weil ich geheult habe, denn es war und ist zum heulen, dass wir mal so gute, ehrenhafte Kanzler wie ihn hatten (man denke an sein Engagement beim Hochwasser oder gegen die RAF!) und heute von Leuten wie Scholz und Baerbock regiert werden :-(.

Diese Leute mögen uns regieren und offenkundig wird bei uns der Meinungskorridor des Sagbaren immer enger, aber als starke Herrscher kann man keinen von denen bezeichnen, zumal sie mit zweierlei Maß messen. Tito war ein starker Herrscher; ja, ein grausamer Herrscher, aber er hat eben allen in die Fresse gehauen. Bei uns wird vor allem auf die Indigenen eingeprügelt, also auf uns Deutsche. Das geht schon in der Grundschule von Seiten vieler Lehrer los, denn sie wissen: „Bei den Deutschen dürfen wir's. Da kommt dann keine Rassismuskeule."

Kurz gesagt, wir haben keinen starken Herrscher, der

♥♥♥♥♥♥♥♥♥♥♥♥♥♥♥♥♥♥♥♥♥

unsere Gesellschaft zusammen hält. Wir könnten zwar eine deutsche Leitkultur haben, aber alles was irgendwie positiv besetzt ist, wird ja von vielen Mächtigen mit einem "Igitt" beiseite gewischt. Dabei könnten wir uns Otto den Großen, Friedrich den Großen, Turnvater Jahn, Marschall Blücher, Königin Luise, Bismarck, Wilhelm I und viele mehr auch heute noch zum Vorbild nehmen. Aber es wird ja inzwischen sogar gegen Stauffenberg gehetzt, weil er ein Konservativer und gegenüber den Monarchisten offen war.

Einen starken Herrscher haben wir nicht und die Erklärung einer positiven Leitkultur ist auch nicht in Sicht. Das Herumgezicke von wegen „Toleranz und Weltoffenheit" reicht eben nicht; das sind nur hohle Phrasen, zumal der griechische Philosoph Aristoteles gesagt haben soll, Toleranz sei „die letzte Tugend einer untergehenden Gesellschaft".

Wir brauchen in Deutschland echte Werte. Ich würde da die preußischen Tugenden vorschlagen, die da wären:

-Aufrichtigkeit
-Bescheidenheit (Kaiser Wilhelms Lieblingsblume z.B. war die Kornblume, was ein Zeichen dafür ist. War übrigens auch die Lieblingsblume seiner Mutter)
-Ehrlichkeit
-Fleiß
-Geradlinigkeit
-Gerechtigkeitssinn
-Gewissenhaftigkeit
-Opferbereitschaft
-Ordnungssinn

♥♥♥♥♥♥♥♥♥♥♥♥♥♥♥♥♥♥♥♥♥♥

-Pflichtbewusstsein
-Pünktlichkeit
-Redlichkeit
-Sauberkeit
-Sparsamkeit
-Gottesfurcht bei religiöser Toleranz
-Unbestechlichkeit
-Zurückhaltung ("Mehr sein als scheinen!")
-Zielstrebigkeit
-Zuverlässigkeit

Alles Worte die man im Bundestag leider nicht allzu oft zu hören bekommt. Dort bekommen wir keine Werte vorgelebt, also müssen sich Künstler wie wir zu Wort melden und in dieser Richtung Vorstöße unternehmen. Im Übrigen bräuchten wir Dinge die uns Deutsche mit den Ausländern verbinden. Positive Dinge, basierend auf der Geschichte. Mit Türken und Bulgaren verbindet uns zum Beispiel die Waffenbruderschaft im ersten Weltkrieg. Der gemeinsame Sieg bei Gallipoli. Auch Vergleiche zwischen Bismarck und Atatürk sind alles andere als abwegig. Aber wird in dieser Richtung etwas von den Altparteien gemacht? Natürlich nicht. Stattdessen scheint es so, als ob versucht wird die Waschlappenjammerversion des Weges Titos zu gehen; man unterdrückt jede Kritik, stiftet aber keine gemeinsamen Werte. Aber welche „Werte" kann man auch von Leuten erwarten, die im Leben nie etwas geleistet haben; der Tito hatte wenigstens gegen die Nazis gekämpft und konnte eine ganze Partisanenarmee organisieren. Kampfgeist und Organisationstalent sehe

♥♥♥♥♥♥♥♥♥♥♥♥♥♥♥♥♥♥♥♥♥♥♥

ich bei vielen Politikern in diesem Staat jedoch eher nicht...

Fall 12: Der Focus berichtete vor einigen Jahren darüber, aber irgendwie griffen andere Zeitschriften das Thema nicht auf. Das Blatt schrieb folgendes: „Günter Grass hatte Glück. Als der Angehörige der Waffen-SS im April 1945 in amerikanische Gefangenschaft geriet, war ein anderer späterer Literaturnobelpreisträger eben in die USA zurückgeflogen: Ernest Hemingway." Tja, warum hatte Grass da Glück?
Ganz einfach: „Nobelpreisträger Ernest Hemingway brüstete sich, 122 deutsche Kriegsgefangene erschossen zu haben". Dem Focus zufolge hätte ihm folgendes passieren können; nämlich etwas womit Hemingway voller Freude angab: „Einmal habe ich einen besonders frechen SS-Kraut umgelegt. Als ich ihm sagte, daß ich ihn töten würde, wenn er nicht seine Fluchtwegsignale rausrückte, sagte der Kerl doch: Du wirst mich nicht töten. Weil du Angst davor hast und weil du einer degenerierten Bastardrasse angehörst. Außerdem verstößt es gegen die Genfer Konvention. Du irrst dich, Bruder, sagte ich zu ihm und schoß ihm dreimal schnell in den Bauch, und dann, als er in die Knie ging, schoß ich ihm in den Schädel, so daß ihm das Gehirn aus dem Mund kam, oder aus der Nase, glaube ich." Das schrieb Hemingway am 27. August 1949 seinem Verleger Charles Scribner. Hier der Link zum Focus-Artikel: https://www.focus.de/kultur/buecher/ich-toete-gerne-buch_id_2487802.html
Und wie immer wenn ein Kommunist etwas Abartiges

♥♥♥♥♥♥♥♥♥♥♥♥♥♥♥♥♥♥♥♥♥♥♥

tut (und es in diesem Fall sogar selbst zugibt), folgt (wenn überhaupt) von roter Seite das Schöngerede. „Alles bloß Angeberei", „Hat er erfunden" oder „War ja bloß Satire" heißt es in solchen Fällen. Manchmal bringt mich die Naivität dieser Leute zum Kotzen! Dabei hat der Autor es sogar mehrfach zugegeben. „Am 2. Juni 1950 berichtete Hemingway Arthur Mizener, dass er 122 Deutsche getötet habe. Eines seiner letzten Opfer sei ein junger, auf einem Fahrrad flüchtender Soldat gewesen – 'ungefähr im Alter meines Sohnes Patrick'. Er habe ihm mit einer M1 von hinten durch das Rückgrat geschossen. Die Kugel zerfetzte die Leber." Aber es kann ja nicht wahr sein was nicht wahr sein darf! So war es auch beim Ayatollah Khomeini, der immer klar gesagt und geschrieben hat, was er vorhat sobald er an der Macht ist. Aber die westlichen Linken und die im Sinne der westlichen Linken erzogenen Iraner wollten es nicht glauben. Sie taten es als Propaganda der Amerikaner oder des Kaisers von Persien ab.

Und dann, als er an der Macht war, ja dann wurden erstmal die bürgerlichen Oppositionellen unter dem Jubel der Linken getötet. Im Anschluss waren die Linken selbst dran. Dieselbe Ungläubigkeit westlicher Linker konnte man erleben, als Stalin sie in Schauprozessen zum Tode verurteilen ließ. Vielen Linken fehlt der Sinn für die Realität; das war leider schon immer so. Ausbaden dürfen dass dann die von ihnen regierten Gesellschaften. Aber ich wollte Ihnen ja von Fällen berichten die Deutschland betreffen. Darum hier nun wieder etwas aus unserer einstmals schönen Heimat, die hoffentlich wieder gesund wird. Nur wird das natürlich sehr schwierig, wenn wir ständig auf jede

❤❤❤❤❤❤❤❤❤❤❤❤❤❤❤❤❤❤❤❤

erdenkliche Art bekämpft werden. Hemingway war Teil eines Systems, dass uns Deutsche schlicht und einfach gehasst hat. Und denen war egal ob der Regent Wilhelm II, Friedrich Ebert, Paul von Hindenburg, Adolf Hitler oder Mutter Teresa hieß! Googlen Sie es mal nach: „Morgenthau-Plan" oder „Hooten-Plan". Die Pläne wurden schon begonnen durchgeführt zu werden, da tauchte die Sowjetunion als neue Bedrohung am Horizont auf. So schlimm die rote Diktatur auch war; womöglich hat sie uns in dieser Hinsicht vor der völligen Ausrottung bewahrt. Jetzt wo die DDR und die Sowjetunion weg und die NATO nach Osten gerückt sind, wird die BRD nicht mehr als Bollwerk gegen Russland gebraucht. Jetzt sind die USA besonders nett zu Polen; für die Zukunft Polens lässt das jedoch nichts Gutes erahnen...

Auch das ist ein Fall der Verlogenheit der Mächtigen! Sie wollen, dass wir in der Schule Hemingways Bücher lesen und den Teil der ihnen nicht ins Weltbild passt, verschweigen sie einfach. Ich halte es da lieber mit einigen alten Linken, die meinten: „Gehe davon aus, dass alles was man dir an Regeln und Normen vorschreibt, aus diesem oder jenem Grund gelogen ist."

Fall 13: Verglichen mit den anderen Fällen erscheint dieser Fall jetzt nicht so schlimm, aber schön ist er ebenfalls nicht. Und es ist bezeichnend für den Zustand unseres Landes und die Art und Weise wie bei uns mit unserer Geschichte und Kultur umgegangen wird. Es zeigt einmal mehr, dass es in Deutschland einen Berg von Problemen gibt, die gelöst werden müssen: Dieser

Fall dreht sich rund um einen Friedhof mitten in Berlin. Der Friedhof Columbiadamm liegt im Berliner Bezirk Neukölln, Columbiadamm 122–140. Südlich des Friedhofs befindet sich der ehemalige Flughafen Tempelhof, welcher heute als Tempelhofer Feld den Berlinern zur Erholung dient. 2014 gab es einen Volksentscheid gegen die Bebauung des Feldes[1]. Seitdem suchen manche der machthabenden Politiker in Berlin nach Mitteln und Wegen, um das Feld trotzdem gegen den Willen des Volkes zu bebauen[2]. Wer jedoch ernsthaft daran glaubt, dass infolgedessen günstige Wohnungen für die Berliner Bürger entstehen, der möge ruhig bei Kaffee und Kuchen gemeinsam mit dem Osterhasen und dem Weihnachtsmann über das Thema diskutieren. Sollte es tatsächlich zu einer Bebauung des Feldes kommen, ist nicht auszuschließen, dass auch der Friedhof diesen Plänen irgendwann zum Opfer fällt. Da in Berlin allgemein wenig Rücksicht auf die Lebenden genommen wird, kann man davon ausgehen, dass auf die Toten erst recht keine Rücksicht genommen wird. Ganz zu schweigen von den Zeugnissen der deutschen Geschichte und Kultur auf dem Friedhof. Dabei wird es einige Machthaber, die von einer "neuen Mitte Tempelhof" träumen, auch nicht interessieren, dass es den Friedhof seit über 100 Jahren gibt. Allerdings unter verschiedenen Namen. Zunächst war er einfach der Friedhof hinter der Hasenheide, Dennewitz-Friedhof, ab 1861 Neuer Garnisonfriedhof (um sich vom Alten zu unterscheiden), nach 1919 Garnisonfriedhof, seit den 1970ern offiziell Friedhof Columbiadamm, manchmal auch Friedhof am Columbiadamm. Er ist 104.044 m² groß und beherbergt derzeit gut 7.000 Gräber. Nun verfügt meine Wenigkeit jedoch über eine Karte aus der guten alten Zeit, als Berlin noch sicher und weniger vermüllt war (was damals wohl anders war?), auf der besagter Friedhof noch als Garnisonfriedhof eingezeichnet ist. Zudem sind etliche Soldaten aus beiden Weltkriegen und aus der Kaiserzeit dort begraben, weswegen man meines Erachtens durchaus nach wie vor von einem Garnisonfriedhof sprechen kann. Hinzu kommt auch noch die Tatsache, dass man inzwischen nicht mehr einfach so dort beerdigt werden kann und Gräber nicht verlängert werden. Das spricht leider sehr für die Vermutung, dass Leute in hohen Positionen eine Beseitigung des Friedhofs und eine gemeinsame Bebauung mit dem Tempelhofer Feld planen. Nun werfen wir aber noch einen kurzen Blick auf die Geschichte des Friedhofs, bevor ich dann zum eigentlichen Fall komme. Sie als Berlinerin dürfte diese Geschichte gewiss interessieren, Frau Vorgesetzte: Als Preußens König Friedrich Wilhelm IV. beschlossen hatte, seine Garnison in neuen Kasernenbauten auf dem Tempelhofer Feld, das schon seit jeher als Exerzier- und Truppenübungsplatz genutzt worden war, unterzubringen, wurde der schon vorhandene kleine Friedhof hinter der Hasenheide darin mit einbezogen und ab 1861 zum Neuen Garnisonfriedhof erweitert. Er stiftete eine Friedhofskapelle dazu, auf die er auch gestalterisch Einfluss nahm. Leider starb der gute König bereits Anfang 1861, aber sein ehrenwerter Nachfolger König Wilhelm (der später zusammen mit Otto von Bismarck unser geliebtes deutsches Vaterland einigte) überließ 1866 einen kleinen Streifen, den noch heute bestehenden Türkischen Friedhof Berlin, dem Sultan

❤❤❤❤❤❤❤❤❤❤❤❤❤❤❤❤❤❤❤❤❤

Abdul Aziz für dessen Botschaftspersonal und alle Muslime in der wachsenden Hauptstadt Preußens. Die gefallenen Soldaten der Kriege von 1866, 1870/71, der bewaffneten Aufstandsniederschlagung in Afrika und auch sehr viele Kämpfer der beiden Weltkriege wurden dort begraben. In Friedenszeiten ließen sich Offiziere auf dem Friedhof gerne Erbbegräbnisse bauen. Wohl als Folge des Versailler Vertrags wurde die Garnison Ende des ersten Weltkrieges aufgelöst. Ab 1922 wurden die Kasernen zum Teil abgerissen und es wurde mit dem Bau des Flughafens Tempelhof begonnen. Der Friedhof blieb damals bestehen; auch weil sich auf ihm geschützte Kriegsgräber befinden. Dies ist auch dem Gräbergesetz zu verdanken, denn die Fürsorge für die Kriegergräber des Ersten Weltkrieges in Deutschland wurde durch Gesetze von 1922 geregelt. Demnach wurden die Gräber aller Personen, die bei ihrem Tod Angehörige des ehemaligen Deutschen Heeres und der ehemaligen Deutschen Marine gewesen und deren Überreste seit dem 1. August 1914 im Reichsgebiet bestattet worden waren, mit öffentlichen Mitteln finanziert und dauerhaft erhalten. Das Gesetz galt außerdem für die in Deutschland bestatteten deutschen Zivilinternierten und die Angehörigen der mit dem Deutschen Reich verbündeten Mächte. 1952 wurde es geändert, aber das neue Gesetz sieht ebenfalls den Schutz und die Pflege der Kriegsgräber vor. Jedoch ist davon auszugehen, dass auch hier so manch ein Politiker bereits nach Schlupflöchern sucht, um dann doch zu bauen. Und nun kommen wir zum eigentlichen Fall, denn die Sturmtruppen, die dafür bereits ein Stück weit die Vorarbeit leisten, sind die offenkundig linksradikalen Denkmalschänder, die immer wieder vor allem den Gedenkstein für die deutschen Soldaten schänden, der an die gefallenen Kämpfer erinnert, die in Afrika gegen bewaffnete Aufständische kämpften. So auch wieder im Jahre 2023. Als ich Ende September mit meinem Kumpel Murat den Friedhof erneut besuchte, war der Gedenkstein Gott sei Dank wieder halbwegs sauber gemacht. Ganz lassen sich solche ekelhaften Schmiereien jedoch offenbar nicht beseitigen und die Inschrift des Steins leidet anscheinend sowohl unter den Farbanschlägen als auch unter der Reinigung. Nun bin ich kein Reinigungsfachmann, aber es ist durchaus vorstellbar, dass die Mittel mit denen die rote Farbe beseitigt wird, auch die Inschrift verblassen lassen. Natürlich könnte die Inschrift auch verblassen, weil sie über 100 Jahre alt ist. Über die Anschläge wurde im letzten Jahr übrigens von der Jungen Freiheit berichtet. Darin hieß es: „Der Volkstrauertag ist für Deutschlandhasser jedes Jahr ein Freudentag. Mit Hammer, Lack und Quast aufmunitioniert machen sie sich los, um Soldatendenkmäler zu zerstören oder wenigstens zu beschädigen." Weiter erklärte die Zeitung: „Seit 73 Jahren wird auf dem Garnisonsfriedhof am Columbiadamm der Kriegsgefallenen gedacht. ‚Der Ring Deutscher Soldatenverbände veranstaltet jedes Jahr am Volkstrauertag eine öffentliche Feier', erklärt ihr Vizepräsident Armin Brenker. Früher begleiteten Trompeter, Bundeswehr und ausländischen Militärattachés die Veranstaltung. ‚In diesem Jahr ist das erstmalig verboten', sagt Brenker." Ob dies etwas damit zu tun hat, das manche Politiker inländerfeindliche

Rassisten sind, die ihre eigene Geschichte und Kultur nur allzu gerne lieber heute als morgen loswerden würden? Nun, die patriotische Zeitung stellte diese Frage nicht. Aber machen wir weiter mit dem Artikel. Darin heißt es: „'Dieses Jahr trafen wir uns um 10.30 Uhr vor dem Freiraum am Lucknerkreuz.' Wie in all den vorangegangenen Jahren wurde nur ein Vaterunser gebetet, dann folgte der gemeinsame Gang über den Friedhof mit kurzen Gedenkworten an den verschiedenen Denkmälern der unterschiedlichen Nationen, erzählt der 76jährige. ‚Am Stein von Österreich-Ungarn beabsichtigten wir die Toten dieser zwei Länder und ihrer Nachfolgestaaten zu ehren. Dann ging es zum Alexander-Denkmal und zum Schluß zum Afrikastein.'" Dieser Afrikastein dient der Ehrung von sieben deutschen Soldaten, „die in der Zeit von Januar 1904 bis zum März 1907 ‚am Feldzug in Süd-West Afrika freiwillig teilnahmen und den Heldentod starben,' ist auf dem Granit-Findling zu lesen. Seit 2009 liegt dem Stein eine schwarze Granitplatte mit den Umrissen des Staates Namibia zu Füßen auf der folgendes steht: ‚Zum Gedenken an die Opfer der deutschen Kolonialherrschaft in Namibia 1884–1915 insbesondere des Kolonialkrieges von 1904–1907', initiiert vom Bezirksamt Neukölln. Als die Gruppe an der letzten Station ihres Spaziergangs eintrifft, ist das Entsetzen groß. Der Stein war von oben bis unten mit roter Farbe beschmiert worden." Hier wird einmal mehr unsere Geschichte und Kultur geschändet und dass obwohl im offiziell „bunten" Deutschland doch angeblich Platz für alle Kulturen sein sollte. Der Artikel schließt mit den Worten: „Wie lange der Stein dort noch

stehen wird, ist ungewiß. Die taz zitierte den Direktor des Neuköllner Stadtmuseums, Matthias Henkel, im August diesen Jahres mit den Worten: ‚Der Stein reproduziert eine zutiefst koloniale Perspektive auf die historische Faktenlage.' Henkel wolle das Thema im Dialog mit der 'engagierten Zivilgesellschaft', so die Zeitung, angehen. Für 2023 arbeite er an einer Ausstellung. Arbeitstitel: 'Stein des Anstoßes'."
Tja, wen wird Henkel da wohl als „engagierte Zivilgesellschaft" mitmachen lassen?
Sie? Mich? Hahaha! Natürlich nicht!
Oder etwa die jungen Leute von der „Identitären Bewegung", die Mitglieder der „Jungen Alternative" oder die Demonstranten von „Wir für Deutschland"? Die alle sind bekanntlich sehr engagiert. Ob man die wohl bei dem Dialog mitmachen lässt? Oder wird es so ein Dialog, wo die linkeste Meinung im Raum recht bekommt? Auf alle Fälle teilte das Bezirksamt Neukölln diesbezüglich folgendes mit: „Für November 2023 bereitet das Museum Neukölln eine Ausstellung vor, die den Umgang mit dem Erinnern an den Genozid an den Ovaherero und Nama zur Diskussion stellt. Ziel ist es, den von der Zivilgesellschaft in Namibia und Deutschland über Jahre erkämpften Ansatz eines multiperspektivischen Dialoges auch in das Museum Neukölln hineinzutragen und damit der gesamten Stadtgesellschaft zugänglich zu machen." Wenn es sich um einen multiperspektivischen Dialog handelt, findet man in der Ausstellung bestimmt auch Auszüge aus Bruce Gilleys Buch „Verteidigung des deutschen Kolonialismus". Die Ausstellung soll ja objektiv sein, nicht wahr? Aber Spaß beiseite: „Den Ausgangspunkt

der Ausstellung bildet das umstrittene Gedenkensemble, das aus dem sog. 'HERERO-Stein' von 1907 und der sog. ‚Namibia-Gedenkplatte‘, die 2009 konzipiert wurde, besteht. Seit vielen Jahren gibt es regelmäßig Proteste und Interventionen, die sich in Angriffen mit Farbbeuteln oder Überschreibungen an dem Gedenkensemble manifestieren – wenn man so will, ist das Gedenkensemble zugleich Projektionsfläche konträrer Wertvorstellungen." Kein Witz. Das steht ernsthaft auf der Bezirkswebseite bezüglich der gemeinschädlichen Sachbeschädigung. Nur wie passt das zu der Vermutung, dass manch einer den Friedhof bebauen möchte? Warum sollte man den Gedenkstein umgestalten, wenn sowieso irgendwann der ganze Friedhof bebaut wird? Ganz einfach: Zunächst einmal ist das hier Berlin. Das heißt, hier weiß die eine politische Hand oft nicht was die andere tut. Außerdem kann man einen im Sinne der Herrscher umgestalteten Gedenkstein auch umsetzen; ebenso wie man ein den Machthabern wichtiges Grab umbetten könnte. Die Befürchtung, dass der Friedhof, ebenso wie andere Zeugnisse der deutschen Geschichte und Kultur, ausgelöscht wird, ist also keineswegs vom Tisch, nur weil man womöglich noch andere Pläne mit dem Gedenkstein für die deutschen Afrikakämpfer hat. Zum Schluss heißt es auf der Bezirkswebseite: „Zur Veranschaulichung dieser Auseinandersetzung mit dem Gedenkstein bittet nun das Museum Neukölln die Zivilgesellschaft um Mithilfe: Wir suchen aktuelles und historisches Bildmaterial zum Gedenkensemble in all seinen unterschiedlichen Facetten." Das alles klingt tatsächlich irgendwie so, als hätte man Pläne den

Gedenkstein irgendwie zu beseitigen. Was der Tagesspiegel, der über den neuerlichen Anschlag berichtete, auch indirekt bestätigte. Natürlich kann man davon ausgehen, dass diese "Umgestaltung" nur den für die deutschen Soldaten und nicht den für die toten Afrikaner negativ betreffen wird. Deren Steinplatte direkt am Stein der Deutschen wurde übrigens nie geschändet, was beweist: Die deutschen Gedenksteinbesucher sind ehrenhafter als die linksradikalen Weltbürger und lassen die Toten ruhen. Das Schwarzafrikaner den deutschen Stein geschändet haben, hält der Autor dieser Zeilen für unwahrscheinlich. Für gewöhnlich interessieren sich die meisten Schwarzen nicht für den inländerfeindlichen Irrsinn linksradikaler politisch Überkorrekter. Bestes Beispiel dafür ist die Kolonialismus-Ausstellung in der Dortmunder Zeche Zollern. Diese wurde ziemlich lange von dem Youtuber Boris von Morgenstern besucht und der einzige schwarze Besucher war sein Kameramann :-). Einzelfälle wie diesen gibt es leider zu tausenden. Deutschlandweit. Nicht selten sind es auch regierende Politiker, die Denkmäler für Bismarck oder Kaiser Wilhelm I weghaben und so unsere Kultur auslöschen wollen. Wundert es einen bei alldem, dass Elon Musk einen Bürgerkrieg in Europa befürchtet? Aber gut. Wie wäre es, wenn wir nachsehen ob ich recht habe? Ganz ehrlich! Das können wir, denn die verlogene Dialogsache dieses vom Gedenkstein Besessenen ist ja längst durchgezogen worden! Sie können nach der Debatte im Netz forschen und selbst feststellen, dass es kein „Dialog" und keine „Debatte" waren! Es waren alle einer Meinung zu diesem Thema.

♥♥♥♥♥♥♥♥♥♥♥♥♥♥♥♥♥♥♥♥♥♥

Genauso gut hätten die alle Regenbogenshirts tragen, sich dieselben Frisuren schnippeln, den linken Arm zur Faust geballt heben und dabei gleichzeitig „Wir bekennen uns zur Vielfalt!" rufen können!

VIELFALT! Ja, schön wär's! Aber für die Dinge die mir in dieser Welt wichtig sind, ist nirgendwo Platz und ich werde auch nirgendwo in Ruhe gelassen!

Fall 14: Ja! Warum nicht! Reden wir noch mal über die Impfschäden der „freiwilligen Impfungen"! Das haben wir zwar schon, aber ich finde man kann gar nicht genug darüber sprechen! Der Mitteldeutsche Rundfunk (MDR) sorgte kurze Zeit nach der millionenfachen Impfung mit einem Beitrag für Erstaunen bei impfkritischen Zuschauern: In der nun für mich seltsamerweise nicht mehr auffindbaren Umschau zeigten die Recherchen des ARD-Regionalsenders interessante Einblicke in das Thema des Impfens und der Impfnebenwirkungen. Vorgestellt wird die 31-jährige Vera Rieder: Vor ihrer Erstimpfung offensichtlich vollkommen gesund, erkrankte sie bereits nach der ersten Dosis des Covid-19-Vakzines schwer, entwickelte Ausschlag, Muskelzucken, Taubheitsgefühle, eine Spastik in der Hand und schließlich sogar gravierende Herzrhythmusstörungen. Vom Staat, der die Impfung bekanntlich mit allem Nachdruck empfohlen hatte, fühlt sich Frau Rieder im Stich gelassen – obwohl die Lehrerin bereits seit fünf Monaten ihrem Beruf nicht mehr nachgehen kann, scheinen sich die Verantwortlichen in Politik und Wissenschaft nicht für sie zu interessieren. Vom Paul-

♥♥♥♥♥♥♥♥♥♥♥♥♥♥♥♥♥♥♥♥♥♥♥

Ehrlich-Institut (PEI), das für die Überwachung der Impfstoff-Sicherheit verantwortlich zeichnet, kämen nur Standardantworten, auch sonst gebe es keinerlei Anlaufstellen. Dass jedoch auch Tausende andere dieses Schicksal teilen, zeigte sich für Vera Rieder im Internet: Hier melden sich tausende Menschen, die nach der Corona-Impfung ebenfalls schwer erkrankten und Symptome entwickelten, für die kein Arzt eine plausible Erklärung hatte. Rieder berichtet, dass sie ihr Blut auf eigene Kosten bei einem privaten Labor analysieren ließ, um endlich Klarheit zu bekommen – mit Erfolg: Es stellte sich heraus, dass in ihrem Blut Autoantikörper, die eigenes Gewebe angreifen, zu finden waren.

Behörden drücken sich vor der Verantwortung Marion Bimmler, Betreiberin eines privaten Forschungslabors, das ebensolche Blutanalysen durchführt, bestätigt, dass dieser Befund kein Einzelfall ist: Alleine in ihrem Labor will sie die Autoantikörper bei etwa 300 schwerkranken Personen nach der Corona-Impfung gefunden haben. Auf ihre Hinweise an die zuständigen Stellen antworteten weder das Bundesgesundheitsministerium noch das PEI oder die Ständige Impfkommission (STIKO). Bimmler sagte gegenüber dem MDR: „Diese Patienten haben alles gemacht – sie haben das Gesundheitswesen schützen wollen, sie haben sich selbst schützen wollen und ihre Angehörigen. Und sie kriegen von niemandem eine Antwort. Das ist mir in meinem langen Arbeitsleben – und das ist wirklich schon lang – noch nie passiert".

Auch die Kulturwissenschaftlerin Stefanie Wietersheim kommt im Beitrag zu Wort und berichtet von ihrer eigenen Leidensgeschichte: Im Dezember 2021 hatte sie

♥♥♥♥♥♥♥♥♥♥♥♥♥♥♥♥♥♥♥♥♥♥

– als damals noch kerngesunde Frau – ihre Boosterimpfung gegen das Coronavirus verabreicht bekommen. Nach der Impfung entwickelte sie schwere Nebenwirkungen, sogar auf den Rollstuhl war sie zeitweise angewiesen – und selbst für die Dreharbeiten des MDR-Teams war Wietersheim zu schwach, als sie sich stellenweise hinlegen musste. Auch sie beklagt die fehlenden Anlaufstellen für Impfgeschädigte und richtet einen eindringlichen Appell an die Politik: „Schaut hin, helft uns!"

Das MDR-Team recherchierte weiter und fragte beim Paul-Ehrlich-Institut nach, warum es solche schweren Impfnebenwirkungen es nicht in einen breiten öffentlichen Diskurs schaffen würden. Die knappe und unbefriedigende Antwort des PEI: Es gebe schlicht kein statistisch relevantes gehäuftes Auftreten solcher Nebenwirkungen im Zusammenhang mit der Corona-Impfung. Warum Nebenwirkungen so selten gemeldet werden, könnte daran liegen, dass Symptome von vielen Medizinern nicht ernst genommen werden, vermutet der Berliner Internist Erich Freisleben. Der Arzt, der bereits im vergangenen September 20 Fälle von schweren Nebenwirkungen bei den zuständigen Stellen gemeldet hatte und ebenfalls keine Antwort bekam, hatte sich auch bereits in einem Internetvideo zu der Thematik geäußert. Seitdem berichtet er von einem starken Zulauf von impfgeschädigten Patienten – Patienten, deren Symptome oft gar nicht erst als Verdachtsfälle gemeldet wurden, nicht zuletzt auch wegen dem Arbeitsaufwand, der mit einer solchen Meldung verbunden sei.

Er findet, dass das Thema Impfung so emotional aufgeladen sei, dass sich kaum noch jemand traue, offen

♥♥♥♥♥♥♥♥♥♥♥♥♥♥♥♥♥♥♥♥♥♥♥

über Probleme mit der Corona-Impfung zu sprechen: Die Angst, in eine „bestimmte Kategorie eingeordnet zu werden", scheint zu groß zu sein. Ähnlich wie Freisleben sieht das der Berliner Medizin-Professor Harald Matthes, der im Umschau-Beitrag zu Wort kommt: In seinem Fachbereich in der Berliner Charité will er viel mehr Fälle sehen, als das die offiziellen Zahlen hergeben. Auf Hilfe von staatlicher Seite können sich die Opfer der Corona-Impfung jedenfalls nicht verlassen – das Versorgungsamt lehnt fast alle Anträge auf finanzielle Unterstützung ab, auch die Kosten für Rehabilitationsmaßnahmen werden fast immer abgelehnt, erklärt ein Rechtsanwalt, der mehrere Impfopfer vertritt, gegenüber dem MDR.

Und warum haben Leute wie ich jetzt davon erfahren? Weil der MDR gegen die Regeln des herrschenden Zeitgeistes verstoßen und in die andere Richtung nachgeforscht hat! Ansonsten wäre auf dem Thema noch mehr der Deckel drauf als ohnehin schon!

Und auch der Bundestagsabgeordnete Bundestagsabgeordneter Martin Sichert verstieß gegen die herrschenden Zeitgeistregeln, denn er hatte nicht locker gelassen; so etwa in einer Expertenanhörung des Gesundheitsausschusses im März 2022. Und drei Monate später gab es dann auch endlich eine Antwort auf seine Anfrage. Eine Abartige. Denn die Auswertung der Kassenärztlichen Bundesvereinigung (KBV) zeigt, dass knapp 2,5 Millionen Bürger im Jahr 2021 wegen Nebenwirkungen der Corona-Impfung zum Arzt gingen, was außergewöhnlich viel ist. Die KBV hat diese Arztbesuche nämlich in Vergleich zu den Jahren davor gesetzt: So gab es im Jahr 2020 bei fast 30 Millionen

Impfungen in Deutschland 76.332 Patienten mit Nebenwirkungen. Das entspricht einer Rate von 0,25 Prozent. Ähnlich waren die Werte in den Jahren davor. 2021 brach dann alle Rekorde. Nach mehr als 153 Millionen Corona-Impfungen wurden knapp 2,5 Millionen Patienten wegen Impfnebenwirkungen behandelt – das entspricht einer Rate von 1,4 Prozent und ist also fast sechsmal so hoch wie bei anderen Impfungen!

Dabei dürfte bei den Corona-Impfnebenwirkungen viel getrickst worden sein. So wurden Nebenwirkungen wie ein bis drei Tage Fieber, Rötungen sowie Schwellungen an der Einstichstelle und Kopfschmerzen gar nicht dem Paul-Ehrlich-Institut (PEI), zuständig für Impfnebenwirkungen, gemeldet. Erst, was darüber hinaus ging, ist meldepflichtig. Doch selbst das weiß man nicht so genau, wie der KBV-Bericht offen lässt. Dazu kommt, dass die Hausärzte nicht direkt an das PEI melden, sondern an das Gesundheitsamt und das Gesundheitsamt an das PEI. Für alle Beteiligten ein großer Aufwand, der außerdem nicht opportun erschien. Denn immerhin trommelten Politiker und Mainstream-Medien, wie „unbedenklich" (Gesundheitsminister Karl Lauterbach, SPD) doch die Corona-Impfung sei und „Nebenwirkungen der Impfung extrem selten" (Süddeutsche Zeitung) seien. Andreas Schöfbeck, langjähriger Chef der Betriebskrankenkasse BKK ProVita, hatte Anfang des Jahres auf Basis der Daten von 10,9 Millionen BKK-Versicherten vor einer erheblichen Untererfassung der Corona-Impfnebenwirkungen gewarnt – und seinen Vorstandsposten mit fristloser Kündigung deshalb verloren. Doch trotz aller Disziplinierungsmaßnahmen gegen Impf-Kritiker und für ein hochtechnologisiertes und überbürokratisiertes Land wie die Bundesrepublik Deutschland unrühmlicher Datenlage lässt sich nicht länger leugnen, dass nicht nur die meisten Menschen diese Impfung gar nicht benötigt hätten, sondern ein überdurchschnittlich hoher Anteil an teils lebenslangen Impfschäden leidet. Jetzt liegt es schwarz auf weiß vor. Spätestens nach Corona sollte eigentlich JEDEM klar sein, dass es dumm ist, Regeln zu befolgen, die keinen Sinn haben und für die man die Zeche zahlen muss! Ich muss ja auch die Zeche dafür zahlen, wenn ich mich in der Pause nicht ordentlich entspannen kann!

Fall 15: Jetzt sehen wir und einfach mal an, wie Herrscher die Gesetze einfach so ändern wie es ihnen gerade passt. Und das nur um anderen Leuten zu schaden, weil diese ihnen nicht in den Kram passen. Ich muss hier leider mal wieder die AfD bemühen, auch wenn ich diese Partei nicht besonders mag. Aber ich muss Leute nicht mögen um zu merken, wie unfair sie behandelt werden! Die AfD in Schleswig-Holstein konnte mit 8,1 Prozent bei der Kommunalwahl am 14. Mai 2023 ihr Ergebnis im Vergleich mit der Landtagswahl (4,5 Prozent) fast verdoppeln. Damit verbunden stehen der Partei Vorsitze in Ausschüssen und Sitze in anderen Gremien zu. Eine Gesetzesänderung soll das nun verhindern.
„Wir kennen das schon. Wenn ein Wahlergebnis den Regierungsparteien nicht passt, wird es 'rückgängig' gemacht. Oder sie ändern einfach die Spielregeln",

♥♥♥♥♥♥♥♥♥♥♥♥♥♥♥♥♥♥♥♥♥♥

beschreibt Martin Reichardt, Mitglied im AfD-Bundesvorstand, das Demokratieverständnis der anderen Parteien.

Eine bisherige Regelung in Schleswig- Holstein sieht vor, dass eine Postenbesetzung nur für maximal fünf Monate blockiert werden kann. Diese Posten bleiben dann in der Regel unbesetzt, und die Aufgaben übernimmt interimsmäßig ein Stellvertreter. Danach war der Vorsitzende den entsprechenden Parteien zuzuordnen. Genau diese Regelung will die schwarz-grüne Regierung in Kiel nun ändern, so Reichardt, indem sie diese Entfristung aufheben will. Damit kann die Besetzung mit AfD-Politikern in Zukunft verhindert werden. Bestätigt wurde das Vorhaben laut Reichardt vom kommunalpolitischen Sprecher der CDU-Landtagsfraktion in Schleswig-Holstein. Demokratisch gewählte AfD-Abgeordnete von ihren Mitwirkungsrechten auszuschließen, ist auch im Bundestag seit Jahren geübte Praxis. Dort lehnt man konsequent jedweden Vorschlag der Partei für einen ihr laut Satzung zustehenden Vizepräsidenten des Bundestags mehrheitlich ab. Auch Ausschussvorsitze werden der AfD vorenthalten. Nun muss man diese Partei nicht mögen, um von dem Umgang mit ihr angewidert zu sein.

Verdächtig auch, wie sich praktisch eine Einheitsfront gegen diese Partei bildet, bei der sogar die Kirchen mitmachen; jedenfalls diejenigen die über die Kirchensteuer Staatsknete bekommen; die Freikirchen halten sich da eher heraus.

Dazu ein gutes Zitat aus einem Artikel von Corrigenda: "Offiziell gab es Religionsfreiheit im Kommunismus.

♥♥♥♥♥♥♥♥♥♥♥♥♥♥♥♥♥♥♥♥♥♥♥

Doch in Wahrheit seien die Kirchen vom kommunistischen Regime instrumentalisiert worden. Die Obrigkeit habe Kirchen renoviert und sich dann damit gebrüstet, wie demokratisch sie seien. Gleichgeschaltete Bischöfe hätten finanzielle Unterstützung erhalten, „damit sie Ruhe geben oder für das Regime predigen". „Es war eine große Schwächung der Kirche. Viele Menschen sind ausgetreten, weil sie sich dachten: So eine Kirche brauche ich nicht", erinnert sich Ráček."

Quelle: https://www.corrigenda.online/kultur/milan-racek-das-war-ideologischer-druck-wie-unter-hitler

Wie sich die Kirche heute schon wieder bei den Machthabern anbiedert, während Jesus klar Position bezog und erklärte dass sein Reich nicht von dieser Welt ist, widert mich an :-(.

Angewidert bin ich auch von dem Umgang mit meiner Person. Mir wurde in dem Flyer versprochen, dass auf meine Bedürfnisse eingegangen wird. Satz mit X das war wohl nichts! Von dem Essen und von Mitarbeitern die sich trotz offensichtlicher Grippe/Erkältung ect. Nicht krankmeldeten, bin ich wiederum mehrfach krank geworden! Und dann werden neue Regeln aufgestellt und ständig zu meinen Ungunsten geändert. Das hat, wie man in Bayern so schön sagt, ein „Geschmäckle". Zu dem Geschmäckle kommt auch noch die Doppelmoral, weil die Regeln für bestimmte Personen ja offenbar nicht gelten; was gegen den ach so wichtigen Gleichheitsgrundsatz verstößt (aber ich weiß ja aus 32 Jahren praktischer Erfahrung in dieser Welt, was meine „Rechte" wert sind; nämlich nichts!)!

Es ist dasselbe Prinzip wie in der Politik; Regeln

♥♥♥♥♥♥♥♥♥♥♥♥♥♥♥♥♥♥♥♥♥♥♥

werden geändert und wer einem Mächtigen nicht in den Kram passt, gegen den werden miese Tricks angewandt. Und es ist immer dasselbe: Mächtige machen Vorschriften, unter denen Ohnmächtige dann leiden!

Fall 16: Sehen wir uns noch einen Fall an, wo die Mächtigen einfach die Regeln geändert haben. Nachdem die Ampel-Regierung bereits das sogenannte „Werbeverbot" für Abtreibungen aus dem Strafgesetzbuch gestrichen hat, geht es ungeborenen Kindern jetzt noch ärger an den Kragen: Die grüne Familienministerin Lisa Paus spricht sich nun auch für die Streichung des Paragrafen 218 aus, der die Tötung von ungeborenen Kindern unter Strafe stellt. Gegenüber der Funke Mediengruppe sagte Paus, dass es alleine schwangeren Frauen obliege, über das Leben ihrer Kinder zu bestimmen, das Strafrecht solle das Recht der Kinder auf Leben nicht mehr schützen. Wie die neue Regelung außerhalb des Strafrechts aussehen soll, wollen die Grünen und ihre Koalitionspartner noch in dieser Legislaturperiode prüfen. Vorstellen kann sich die Ministerin, Abtreibungen, die bisher in Deutschland eine Straftat darstellen, zu einer mit Geldstrafe belegen Ordnungswidrigkeit zu machen. Bis 2023 möchte sie das Schwangerschaftskonfliktgesetz dahingehend ändern, dass ein ungehinderter „Zugang zu den Beratungsstellen ausdrücklich gesetzlich" vorgeschrieben werden soll. Der Staat müsse Frauen, die ihr eigenes Kind abtreiben lassen wollen, einen Schwangerschaftsabbruch gewährleisten, so Paus. Dies gehöre schließlich zu dem sogenannten „Menschenrecht

♥♥♥♥♥♥♥♥♥♥♥♥♥♥♥♥♥♥♥♥♥

auf reproduktive Selbstbestimmung", auch sollen Frauen, die sich für eine Abtreibung entscheiden, nicht mehr länger „stigmatisiert" werden. Zudem plant Paus mit der Gesetzesänderung stärker gegen Abtreibungsgegner vorzugehen: Gerade vor Kliniken und Beratungsstellen sollen diese nicht mehr demonstrieren und schwangere Frauen ansprechen dürfen.

Fall 17: Und weil wir es ja auch mit der Doppelmoral zu tun haben, sehen wir uns hier den siebzehnten Fall an. Dafür werfen wir einen Blick nach Großbritannien! Denn während die Ermordung ungeborener Kinder immer mehr legalisiert wird, wird der friedliche und gewaltfreie Protest dagegen immer mehr kriminalisiert. So wurde in Großbritannien eine Frau verhaftet, die vor einer Abtreibungsklinik schweigend betete. „Beten Sie?", fragte da im Ernst ein Polizist eine Frau, die auf dem Bürgersteig vor einer Abtreibungsklinik in Birmingham stand. In einem inzwischen viral gewordenen Video kann man noch hören, wie sie antwortet: „Vielleicht bete ich in meinem Kopf." Nach der Aufklärung durch den Polizisten, dies sei nicht erlaubt, wird sie von einer Polizistin durchsucht und abgeführt. Begründung: Sie habe in einer „Zensur- oder Pufferzone" viermal eine öffentliche Vorschrift verletzt. Im Grunde wurde sie also wegen eines Gedankenverbrechens (a'la George Orwell) abgeführt und dann auch deswegen vor Gericht gestellt! Soweit ist es bei uns im Westen bereits gekommen! Und Sie wundern sich, warum ich unsinnige Regeln ablehne!

Weil unsinnige Regeln zu genau so etwas führen!

Ein paar verständliche Reaktionen auf die Verhaftung der guten Isabel Vaughan-Spruce, der Organisatorin des Marsches für das Leben in Großbritannien, die schweigend in der Nähe einer Abtreibungseinrichtung betete, hat daraufhin der christliche Anwaltsverein „ADF UK" auf seiner Homepage zusammengestellt:

„Das ist nicht das Großbritannien, das ich kenne", hieß es zum Beispiel auf dem sozialen Netzwerk twitter (inzwischen X) als Antwort auf das von der Journalistin Mary Margaret Olohan geteilte Filmmaterial. Das Video wurde mehr als sechs Millionen Mal angesehen.

Der anglikanische Priester Calvin Robinson bezeichnete die Verhaftung als „erschreckend", und setzte hinzu: „Was ist aus uns geworden? Und das auch noch unter einer konservativen Regierung". Später schrieb Robinson in einem weiteren Kommentar: „Unabhängig davon, wie man zur Abtreibung steht, ist das falsch".

Der ehemalige Mumford&Sons-Musiker und Spectator-Podcast-Moderator Winston Marshall erklärte zu dem Thema ungläubig: „Verhaftet, weil sie gebetet hat, in ihrem Kopf. In England. Im Jahr 2022."

Rundfunksprecher Darren Grimes nannte die Verhaftung der ehrenwerten Frau „das Deprimierendste, was ich je von der Polizei erlebt habe"; der bekannte Autor Sohrab Amari twitterte: „Du hast eine Lizenz zu beten in deinem Kopf".

Das Mitglied des Oberhauses Lord Malcolm Pearson brachte den Fall im Parlament zur Sprache. Er fragte die Regierung, „wie sie die Verhaftung von Isabel Vaughan-Spruce durch die Polizei in Birmingham bewertet und welche Schritte sie zu unternehmen gedenkt, um sicherzustellen, dass die Rechte (1) der Religionsfreiheit und (2) der Gedankenfreiheit gewahrt werden".

Zur Gesetzeslage erklärte die ADF (nicht zu verwechseln mit der AfD bei uns!): Ein Gesetzentwurf sehe ein Verbot der „Beeinflussung" im Umkreis von 150 Metern um eine Abtreibungseinrichtung vor. Die Regierung habe im Juli bei der Anhörung vor dem Obersten Gerichtshof deutlich gemacht, dass sie das Gebet in den Bereich der „Beeinflussung" in ihrer Gesetzgebung einbeziehen werde. Die Regierung unterstütze diese Politik, obwohl der Premierminister eingeräumt habe, dass Menschenrechtsgesetze der Einrichtung von „Pufferzonen" entgegenstehe. Der christliche Anwaltsverein führt eine „breit angelegte Kampagne zur Anfechtung der Zensurzonengesetzgebung".

In dem Land, in dem einstmals die Redefreiheit fast schon erfunden wurde und in dem es üblich war auf öffentlichen Plätzen Reden zu halten, ist es nun schon ein Problem, wenn man das falsche denkt! Dorthin führen unsinnige Regeln!

Sie müssen mir das natürlich nicht ungesehen glauben; darum hier eine Quelle zu dem Thema:

https://de.catholicnewsagency.com/news/12479/umstritt ene-zensurzonen-an-abtreibungskliniken-stilles-gebet-als-gedankenverbrechen

Fall 18: Ein weiterer Fall von Doppelmoral: Vielleicht erinnern Sie sich ja noch daran; 2016 berichteten die Medien von „TAZ" bis „Welt" alle und sehr wohlwollend über den Inhaber des Restaurants

„Nobelhart & Schmutzig" in Berlin.

Der „Stern" schrieb im Untertitel fett, es sei „sein gutes Recht als Inhaber", AfD-Mitgliedern den Zutritt zu verwehren. Während die Linken die „Haltung" abfeierten, kam Kritik nicht nur aus den rechten Lagern zum Verbotsschild an der Eingangstür. Aber das war es dann auch schon wieder.

Nicht so acht Jahre später unter umgekehrten Vorzeichen. In Brandenburg hat ein Bauer ein Plakat auf seinem eigenen Grundstück aufgestellt, auf dem zu lesen war: „Grüne und Grün-Wähler werden bei uns nicht mehr bedient. Die deutschen Bauern." Was folgte, war die geballte Staatsmacht. Die Polizei kam auf das Grundstück, nahm das Plakat ab und beschlagnahmte es. Außerdem ermittelt die Staatsanwaltschaft jetzt wegen Volksverhetzung. Das ist aber nicht der einzige Fall. Auch gegen einen Obsthändler ermittelt die Staatsanwaltschaft wegen Volksverhetzung, weil er es gewagt hatte, auf dem Wochenmarkt in Wittenberge ein ähnliches Plakat aufzustellen, unterzeichnet mit „der deutsche Mittelstand". Und dann sei hier noch einmal an den Fall erinnert, bei dem im vergangenen September ein Unternehmer in Bayern zwei Anti-Grünen-Tafeln auf seinem Firmengelände aufgestellt. Unter anderem war beim Spruch „Wir machen alles platt" ein Bild von Grüne-Vorsitzender Ricarda Lang auf einer Dampfwalze zu sehen. Die Polizei beschlagnahmte das Plakat, und die Staatsanwaltschaft nahm Ermittlungen wegen strafbarer Beleidigung von Politikern auf. Im November wurde Strafbefehl gegen den Unternehmer verhängt: 6.000 Euro Strafe. In Hanau in Hessen tauchten die Werbetafeln ebenfalls auf, kritisierten aber die Vertreter von SPD, CDU und FDP. Die Betroffenen reagierten mit Pressemitteilungen, in der sie die Darstellungen „bedrohlich und menschenverachtend" nannten, die Staatsanwaltschaft schritt allerdings nicht ein. Der Berliner Restaurantbesitzer rechtfertigte seine Ausladung an AfD-Sympathisanten 2016 in einem Interview mit der Zeit damit, dass „die Menschen gewissermaßen an seinem privaten Küchentisch säßen und dem Koch bei der Arbeit zusähen". Und weiter: Deswegen darf ich entscheiden, wer kommen kann und wer nicht. Und ich möchte keine AfD-Leute bedienen. Die Demokratie muss solche Meinungen aushalten. Ich in meinem Restaurant nicht. Das gilt offenkundig nur für das Ausgrenzen von Personen mit konservativer Weltanschauung. Wenn zwei das Gleiche machen, ist es offenbar doch nicht gleich, nicht wahr?!

Fall 19: Und wie ist das mit all den verlogenen Medienleuten, die meinten man müsse Kinder vor Gewalt im Fernsehen beschützen? Wie ist das mit denen? Die machen das mit der Doppelmoral auch! Einerseits heucheln sie gegen Krieg und Gewalt und ja ach so friedliebend zu sein und dann hauen sie Kriegspropaganda für Kinder heraus! Sprechende Autos und Lokomotiven im Kinderprogramm des öffentlich-rechtlichen Rundfunks sind „out", Raketen mit Gesichtern sind hingegen „in". Im ZDF-Kinderkanal „logo!" beschwert sich ein Taurus-Marschflugkörper, dass er nicht in die Ukraine darf.
Wie kriegsgeil muss man beim GEZ-Zwangsgebührensender ZDF sein, um Kindern

♥♥♥♥♥♥♥♥♥♥♥♥♥♥♥♥♥♥♥♥♥♥♥

todbringende Langstreckenraketen als etwas Harmloses und Freundliches zu präsentieren? In einem „logo!"-Video auf Instagram unterhalten sich Langstreckenraketen unterschiedlicher Nationen, wer denn der bessere Marschflugkörper sei. Die deutsche „Taurus" muss sich den Vorwurf gefallen lassen, in der Ukraine noch nicht zum Einsatz zu kommen. Ein Vorwurf, den sich die „Taurus" nicht gefallen lassen will, denn sie würde ja gerne mitmachen. Als Schuldigen machen sie SPD-Bundeskanzler Olaf Scholz aus, der wieder einmal „zögert und zaudert". Man müsse Scholz „den Marsch blasen", dass er endlich die Taurus liefert, ist man sich einig. Das ZDF richtet dem Bundeskanzler via Kinderkanal aus, dass er der Ukraine gefälligst Langstreckenraketen liefern soll! Dasselbe ZDF, dass uns immerzu einredet, Gewalt sei keine Lösung! Aber ich vergaß; das gilt ja nur, wenn wir uns selbst verteidigen. Da ist dann von „Deeskalation" die Rede. Wenn es um die Interessen der US-Hochfinanz in der Ukraine geht, sollen wir uns ruhig mit der Atommacht Russland anlegen!

Mal im Ernst: Glauben Sie, dass der US-Abwehrschirm in Europa es schafft uns im Ernstfall tatsächlich vor allen Atomwaffen Russlands zu beschützen? Tja, wir können ja mal den Praxistest machen, indem wir uns mit Israel vergleichen. Mit ihrem „Felsendom" oder „Eisendom" haben die das beste Abwehrsystem der Welt und Israel ist wesentlich kleiner als Deutschland und der US-Schirm soll die ganze EU schützen! Und trotzdem schafft es Israel nicht alle Raketen abzuschießen und dabei handelt es sich um konventionelle Raketen und nicht um die schnelleren

Atomwaffen! Wie also stehen unsere Chancen, dass die USA uns tatsächlich beschützen? Jedenfalls nicht so gut, dass das ZDF uns in einen Krieg mit Russland hineinreden sollte! Ganz abgesehen davon das Krieg sowieso scheiße ist und wie lieber sinnvolle Diplomatie betreiben sollten.

Fall 20: Wie war das noch mal mit der letzten EU-Wahl? Wir hatten die Wahl zwischen Frans Timmermans und Manfred Weber. Und dann? Dann entschieden die Mächtigen einfach so über unsere Köpfe hinweg, dass wir Ursula von der Leyen bekommen!
Ist das Demokratie? Wozu soll man noch wählen gehen, wenn man dann sowieso jemanden vorgesetzt bekommt, der nicht einmal auf dem Wahlzettel vorkam?! Aber uns kleinen Leuten wirft man „Demokratiefeindlichkeit" vor, wenn wir uns darüber beklagen!
Ich habe es einfach satt! Ich habe die Überheblichkeit der Mächtigen satt, die auf uns herabsehen und auf uns spucken! Das war früher nicht so! Die meisten Könige und Kaiser der guten alten Zeit haben uns mit Achtung und Respekt behandelt und waren wie Väter für uns und unsere Länder!

*

Nun sind die Fälle erstmal fertig. Der Grund warum ich Ihnen diese zwanzig Fälle aufgezeigt habe ist folgender:

♥♥♥♥♥♥♥♥♥♥♥♥♥♥♥♥♥♥♥♥

Sie mögen vielleicht sagen „Ach ja, ist alles nicht so wild. Hat ja niemanden getroffen, der meiner Ideologie entspricht" oder „Was solls? Sie haben halt gegen Regeln verstoßen."

Doch beides ist falsch! Es kann jeden treffen, denn die Regeln des Sagbaren werden immer mehr ins Totalitäre verschoben. Was heute noch erlaubt ist, ist morgen schon eine Straftat. Das Ganze wird immer Irrer.

Denken Sie an J.K. Rowling! Die war immer eine linke Feministin und jetzt wird sie von den Roten gehasst und als „Faschistin" gebrandmarkt. Es kann jeden treffen und es wird immer mehr Leute treffen!

Der Punkt ist auch: Viele der von mir aufgelisteten Fälle hätte es so niemals gegeben, wenn an einem bestimmten Glied der Befehlskette irgendjemand (ein Polizist, ein Staatsanwalt, ein Richter oder ein Zeuge) einfach „Nein!" zu diesen bescheuerten Regeln gesagt und das Rädchen im System sich nicht hätte weiter drehen lassen. Wenn jemand nicht regelkonform gehandelt und nicht dabei mitgeholfen hätte, Menschen zu verfolgen! Aber die Leute laufen mit! Und woran liegt es, dass sie mitlaufen? Weil sie in Schulen, Unis und auch in Betrieben wie dem Unseren systematisch dazu umerzogen werden, absurde Regeln zu befolgen und zum Teil auch dazu diejenigen zu denunzieren, die diesen Wahnsinn nicht mitmachen!

Und wohin führt es, wenn die Leute sich permanent an Regeln halten? Welche Folgen hat es, wenn eine Gesellschaft völlig regelkonform ist?

Tja, das zeige ich Ihnen und es ist leider angesichts der derzeitigen Entwicklung wie bei „X-Man Zukunft ist Vergangenheit". Zumindest kann ich einen Beitrag

♥♥♥♥♥♥♥♥♥♥♥♥♥♥♥♥♥♥♥♥♥♥

dagegen leisten, indem ich mich gegen unsinnige Regeln aller Art auflehne.

Nun werfen wir einen Blick auf ein paar brave Regelbefolger und was aus ihnen geworden ist. Aber vorher eine kleine Pause in Form eines Seitenumbruchs.

❤❤❤❤❤❤❤❤❤❤❤❤❤❤❤❤❤❤❤❤❤

Sehen wir uns nun ein paar Leute an, die Regeln immer brav befolgt haben. Fangen wir mit Adolf Eichmann an. Ich hatte mir überlegt, von den drei Regelbefolgern hier noch Fotos hineinzutun, aber ich finde die Visagen dieser Typen ehrlich gesagt zum Kotzen und gehe daher deren Leben nur stichpunktartig durch:

-Eichmann schloss sich am 01. April 1932 der österreichischen NSDAP (Mitgliedsnummer 899.895) an.
-Ein im Januar 1937 vorgelegter Text mit dem Titel „Zur Judenfrage" stammte wahrscheinlich von Eichmann. Darin erklärte er das Judentum zu einer Nation, die „ein ewiger Feind des Nationalsozialismus" sei. Die daher nötige „'Entjudung Deutschlands'" könne „nur erfolgen, wenn den Juden in Deutschland die Lebensbasis, d. h. die wirtschaftliche Betätigungsmöglichkeit, genommen wird". Damit handelte er ganz im Sinne der Regeln Hitlers; anders als mein Urgroßvater, der heimlich Pässe für Juden fälschte. Das Fälschen von Pässen für Juden, damit diese abhauen konnten, war natürlich verboten und verstieß gegen die Regeln!
-Im Juli 1941 wurde Eichmanns Referat im Zuge einer Umstrukturierung des RSHA und infolge des erlassenen Auswanderungsverbots für Juden (Herbst 1941) der Abteilung IV B als Referat 4 (Juden- und Räumungsangelegenheiten) angegliedert. Als Referatsleiter war Adolf Eichmann für die gesamte Organisation und Koordination der Deportation von Juden aus Deutschland und den besetzten europäischen Ländern zuständig. Er wurde so zum Schreibtischtäter;

♥♥♥♥♥♥♥♥♥♥♥♥♥♥♥♥♥♥♥♥♥♥

zum Prototyp des bürokratischen Beamten, der brav die Regeln befolgte, die auf angeblich wissenschaftlichen und natürlich vorher in Gesetzestexte gegossenen Vorschriften basierte!

-Wie jedem Schreibtischtäter wurde der Schreibtisch Eichmann offenbar schnell zu langweilig. Die Reisen Eichmanns, bei denen er sich über die Umsetzung von Deportationen und Morden informierte, analysierte der Historiker Götz Aly mit Zitaten aus Eichmanns „Götzen" betitelten Aufzeichnungen: „Im Herbst 1941 besuchte er eine Massenerschießung in Minsk, später – vermutlich im November – das noch im Bau befindliche Vernichtungslager Bełżec, die Gaswagenstation Chełmno (Kulm) nördlich von Łódź inspizierte er während des Vernichtungsbetriebs im Januar und erst danach, ‚im Frühjahr 1942', das Vernichtungszentrum Auschwitz: ‚Höß, der Kommandant, sagte mir, daß er mit Blausäure töte. Runde Pappfilze waren mit diesem Giftstoff getränkt und wurden in die Räume geworfen, worin die Juden versammelt wurden. Dieses Gift wirkte sofort tödlich.'"

Nun sehe ich die Arbeit von Götz Aly in manchen Dingen etwas skeptisch, aber hier dürfte er wohl korrekt seinen Job gemacht haben. 1971 gehörte Aly zu den Begründern und Redakteuren der Zeitung „Hochschulkampf. Kampfblatt des Initiativkomitees der Roten Zellen in West-Berlin", das sich der maoistischen Proletarischen Linken/Parteiinitiative zuordnete. Also hat er, ebenso wie viele später hochrangige Leute der heutigen Elite bei den Maoisten mitgemischt. Und so viel besser als Hitler war der Mao ja nun auch nicht.

Ändert aber nichts daran, dass der Eichmann ein obrigkeitshöriges Stück Scheiße war!

Immerhin musste er auch die Konsequenzen seiner Machenschaften als Bürohengst tragen. Die Juden haben ihn hingerichtet.

Die kluge Schriftstellerin Hannah Arendt hatte auch einiges zu Eichmann zu sagen. Sie können das hier nachlesen:

https://zeitgeschichte-online.de/kommentar/hannah-arendt-und-der-eichmann-prozess

Und hier:

https://de.wikipedia.org/wiki/Hannah_Arendt#Eichmann_in_Jerusalem

Schlussendlich kann man sagen: Eichmann war ein Arschloch, das auch unter Stalin in Form von Lawrenti Pawlowitsch Berija Karriere gemacht hätte. Ein Typ, der brav die ihm vorgelegten Regeln und Gesetze befolgte! Und wohin hat es geführt?! Wohin könnte es heute führen?!

Zwischenbemerkung: Da Sie, werte Frau Chefin, mir während des Schreibens mitgeteilt haben, dass Sie die Seitenzahl gesehen und sich entschlossen haben es nicht zu lesen, sehe ich keinen Sinn mich mit den anderen beiden abartigen Scheißkerlen zu befassen. Also wird es hier keine kurze Abhandlung über Lawrenti Pawlowitsch Berija und Reinhard Heydrich geben.

Ich wollte auch noch auf Leute eingehen, die Regeln gebrochen haben. Zum Beispiel Jesus, der gegen die Regeln des römischen Vasallenstaates verstieß, indem er die Händler und Geldgeier aus dem Tempel jagte. Oder

Ghandi, der sein Volk in die Freiheit führte, indem er friedlich die Regeln der britischen Besatzer brach.
Im Übrigen finde ich es zum Kotzen, dass Sie liebe Frau Chefin meine Texte lesen BEVOR sie fertig sind! Das ist nicht in Ordnung! Man liest nicht die Arbeit eines Künstlers, bevor sie fertig ist! Hier musste noch einiges korrigiert werden und wenn Sie draufgeschaut oder es auch nur überflogen haben, haben Sie vielleicht so manches in den falschen Hals gekriegt, was später noch abgeändert wurde!!!
Aber da Sie die Mail ja offenbar sowieso nicht lesen werden, und ich Ihnen wohl weder die ehrliche noch die verlogene Version zusenden werde, schließe ich mit ein paar netten Zitaten zum Thema Regeln, Politik und Gesetzen:

„Wenn man Zehntausend Vorschriften erlässt, vernichtet man jede Achtung für das Gesetz."
Winston Churchill

„Wenn du immer alle Regeln befolgst, verpasst du den ganzen Spaß."
Katharine Hepburn

„Ausnahmen sind nicht immer Bestätigung der alten Regel. Sie können auch Vorboten einer neuen Regel sein."
Marie von Ebner-Eschenbach

„In der Politik ist es manchmal wie in der Grammatik: Ein Fehler, den alle begehen, wird schließlich als Regel

❤❤❤❤❤❤❤❤❤❤❤❤❤❤❤❤❤❤❤❤

anerkannt."
André Malraux

„Mensch: ein vernunftbegabtes Wesen, das immer dann die Ruhe verliert, wenn von ihm verlangt wird, dass es nach Vernunftgesetzen handeln soll."
Oscar Wilde

„Politiker sind nicht an Weisungen gebunden, höchstens an Überweisungen."
Graf Fito

„Man kann Prinzipien aufstellen wie Wegweiser oder wie Galgen."
Hans Kasper

„Politik: ein Streit der Interessen, der sich als Wettstreit der Prinzipien maskiert."
Ambrose Bierce

„Je weniger die Leute davon wissen, wie Würste und Gesetze gemacht werden, desto besser schlafen sie."
Otto von Bismarck

„Wenn auf der Erde die Liebe herrschte, wären alle Gesetze entbehrlich."
Aristoteles

„Früher litten wir an Verbrechen, heute an Gesetzen."
Tacitus

„Natürlich achte ich das Recht. Aber auch mit dem

Recht darf man nicht so pingelig sein."
Konrad Adenauer

„Das Leben hat immer mehr Fälle, als der Gesetzgeber sich vorstellen kann."
Norbert Blüm

„Es hilft nichts, das Recht auf seiner Seite zu haben. Man muss auch mit der Justiz rechnen."
Dieter Hildebrandt

„Es ist immer dasselbe: eingeräumte Rechte sind auferlegte Pflichten."
Hans Lohberger

„Die Verfassung eines Staates solle so sein, dass sie die Verfassung des Bürgers nicht ruiniert."
Stanislaw Jerzy Lec

„Nur die Lüge braucht die Stütze der Staatsgewalt. Die Wahrheit steht von alleine aufrecht."
Thomas Jefferson

„Die Freiheit des Menschen liegt nicht darin, dass er tun kann, was er will, sondern, dass er nicht tun muss, was er nicht will."
Jean-Jacques Rousseau

„Politik machen: den Leuten so viel Angst einjagen, dass ihnen jede Lösung recht ist."
Wolfram Weidner

„Wenn man von den Leuten Pflichten fordert und ihnen keine Rechte zugestehen will, muss man sie gut bezahlen."
Johann Wolfgang von Goethe

„Ohne schlechte Menschen gäbe es keine guten Anwälte."
Charles Dickens

„Um sicher Recht zu tun, braucht man sehr wenig vom Recht zu wissen. Allein um sicher Unrecht zu tun, muss man die Rechte studiert haben."
Georg Christoph Lichtenberg

„Alle großen Dinge sind einfach und viele können mit einem einzigen Wort ausgedrückt werden: Freiheit, Gerechtigkeit, Ehre, Pflicht, Gnade, Hoffnung."
Winston Churchill

„Aufpassen muss man auf Minister, die nichts ohne Geld machen können und auf Minister, die alles nur mit Geld machen wollen."
Indira Gandhi

„Politik besteht nicht selten darin, einen simplen Tatbestand so zu komplizieren, dass alle nach einem neuen Vereinfacher rufen."
Giovanni Guareschi (übrigens der Autor der Don-Camillo-Bücher, die ich sehr schätze!)

„Man kann Prinzipien aufstellen wie Wegweiser oder wie Galgen."

Hans Kasper

„Die Medien sind bellende Wachhunde der Demokratie, und die Demokratie ist bekanntlich das beste politische System, weil man es ungestraft beschimpfen kann."
Ephraim Kishon (das Zitat hat heute keine Gültigkeit mehr, denn wer das beschimpft was die heutigen Herrscher unter „Demokratie" verstehen, der wird von den Medien per Hexenjagt fertig gemacht und vom Staat verfolgt!)

„Nie hat ein Dichter die Natur so frei ausgelegt, wie ein Jurist die Wirklichkeit."
Jean Giraudoux

„Wenn man einen Menschen richtig beurteilen will, so frage man sich immer: ‚Möchtest du den zum Vorgesetzten haben?'"
Kurt Tucholsky (lieber Herr P. aus der Firma: Falls Sie das hier lesen, ich werde die Tucholsky-Bücher, die Sie mir geschenkt haben irgendwann lesen. Ganz bestimmt! Zumindest werde ich es mal versuchen…)

„Wir schätzen die Menschen, die frisch und offen ihre Meinung sagen - vorausgesetzt, sie meinen dasselbe wie wir."
Mark Twain

„Der Mensch ist bereit, für jede Idee zu sterben, vorausgesetzt, dass ihm die Idee nicht ganz klar ist."
Gilbert Keith Chesterton (dessen Werke ich ebenfalls sehr schätze; ebenso wie die von Mark Twain!)

„Hätte man bei der Erschaffung der Welt eine Kommission eingesetzt, dann wäre sie heute noch nicht fertig."
George Bernard Shaw

„Ein Meinungsaustausch ist, wenn ein Beamter mit seiner Meinung zu seinem Vorgesetzten geht und mit dessen Meinung zurückkommt."
Andrej Gromyko

„Diplomatie ist ein Schachspiel, bei dem die Völker matt gesetzt werden."
Karl Kraus

FAZIT: Es hat für uns kleine Leute oftmals üble Folgen, wenn wir uns an die Regeln der Mächtigen halten! Während hochrangige Nazis in der BRD Karriere machen durften, wurden uralte Kofferträger aus den Lagern noch mit fast 100 Jahren Alter vor Gericht gezerrt. Die Mächtigen stellen Regeln auf, wir befolgen sie nicht und bekommen Probleme. Befolgen wir sie und die Machthaber wechseln, bekommen wir wieder Probleme! Es sei denn wir sind schnelle Wendehälse, aber das haben hauptsächlich die Mächtigen drauf. Wir kleinen Leute nicht. Und ich habe keinen Bock ein Schleimer oder ein Wendehals zu sein. Ich will ich selbst sein und daher werde ich im Großen wie im Kleinen stets mein Möglichtest tun um unsinnige, bescheuerte, offensichtlich aus feindseligen Gründen erstellte Regeln zu hintergehen. Und das sage ich Ihnen

♥♥♥♥♥♥♥♥♥♥♥♥♥♥♥♥♥♥♥♥♥

ganz offen und ehrlich.

Regeln: Die verlogene Version

Von Christian Schwochert

Regeln sind super wichtig! Sie machen unsere Welt schöner und vielfältiger; egal wie scheiße und sinnlos sie sind! Ihre sinnvollen Regeln sind ebenso toll wie Regenbogenmondeinhörner, der Osterhase und kluge Politiker!
Ich werde mich immer brav an Ihre Regeln halten, denn ich bin ein obrigkeitshöriger Speichellecker, der alles nachplappert, was die Mächtigen ihm befehlen!
Ich glaube auch, dass sinnlose Regeln eingehalten werden müssen und das Hundescheiße lecker schmeckt! Ja, Hundescheiße ist sogar nicht nur lecker, sondern auch gesund und verschafft einem Superkräfte! Wer Hundescheiße futtert, der kann infolgedessen fliegen!

*

Klang das glaubwürdig? Ich denke nicht. Bin vielleicht einfach ein schlechter Lügner.

Sehr geehrte Damen und Herren von der Bild,

ich habe Ihren Artikel gelesen:
https://www.bild.de/politik/inland/politik-inland/peinlic
h-mit-diesem-passwort-schuetzt-pistorius-sein-abhoer-
statement-87394068.bild.html
Es ist einfach unfassbar, dass die für so wichtige,
geheime Unterlagen das Passwort 1234 verwendeten!
ES KANN DOCH EINFACH NICHT WAHR SEIN!
Das Krasse ist, dass damit ein Witz aus einem meiner
Romane Realität wurde! In "Murat und Phoebe-Eine
saudumme, satirische Liebesgeschichte" baute ich das
als Witz ein. Da war das Passwort einer streng geheimen
Behördenseite auch genauso einfach! UNFASSBAR!
Ich meine, wir hatten in Deutschland die preußische
Armee, die bayrische Armee, die kaiserliche Armee, die
Reichswehr, Wehrmacht und Bundeswehr von Adenauer
bis Kohl. In "Kaiserfront Extra" sogar noch die Kastrup!
KEINER VON DENEN wäre auf die Idee gekommen,
1234 als Passwort zu nehmen!
Und von diesen Leuten hängt im Kriegsfall unser aller
Überleben ab!

Mit freundlichen Grüßen
Christian Schwochert
Schriftsteller

Sehr geehrter Herr Kaiser,

da ich nicht weiß ob Ihre alte Mailadresse noch funktioniert, schicke ich diese Mail sicherheitshalber auch an den Verlag Antaios.

Konkret geht es um eine Buchidee, die vielleicht etwas für Sie und den Antaios-Verlag wäre. Sie haben ja vor einiger Zeit, zusammen mit zwei Kollegen, das Werk "Marx von rechts" geschrieben. Damit haben Sie natürlich schön die Linken geärgert und ich hoffe auch, dass sich das Buch gut verkauft hat.

Der Grund meiner Mail ist nun folgender: Sie haben den berühmtesten Kommunisten von rechts betrachtet; wie wäre es, wenn Sie auch den berühmtesten Kapitalisten von rechts betrachten und darüber ein Buch schreiben? Das Buch würde dann den Titel "Dagobert Duck von rechts" tragen.

Wie ich vor Kurzem in zwei Artikeln darlegte, können wir Patrioten Dagobert Duck nämlich eine Menge abgewinnen. Die entsprechenden Artikel können Sie hier nachlesen:

https://thymosmagazin.de/author/christian-schwochert/

Ich belege darin, wie viele Werte Dagobert mit uns teilt. Außerdem sind gerade die Geschichten von Barks und Rosa den Woken inzwischen ein Dorn im Auge und werden zensiert:

https://www.duckipedia.de/Der_gewissenlose_Gesch
%C3%A4ftsmann_aus_Entenhausen#Zensur

Auch hatte gerade der offenkundig konservative Zeichner Rosa immer wieder Probleme mit dem linken Disney-Konzern:

https://www.duckipedia.de/Don_Rosa#Verh

Mein Vorschlag wäre, dass Sie quasi als Gegenstück zu "Marx von rechts" nun auch "Dagobert Duck von rechts" schreiben. Damit würden Sie zum einen viel Aufmerksamkeit bekommen; gerade von jungen Leuten, die sich für die Ente begeistern. Der Verlag könnte so viele neue Leser gewinnen. Zum anderen könnten Sie den woken Großkonzern Disney ärgern; was gut passen würde, da der Verlag Antaios ja gerade auch amazon so schön geärgert hat :-).

Hinzu kommt noch die Tatsache, dass Dagobert im patriotischen Lager bei ein paar Leuten nicht so beliebt ist. Aber gerade bei diesen Leuten könnte ein solches Buch auf Interesse stoßen; ebenso wie bereits das Marx-Buch.

Andere Patrioten hingegen mögen Dagobert sehr gerne. Auf twitter sind mir da durchaus ein paar vielgefolgte aus unserem Lager bekannt, die Dagobert im Profilbild haben. Hier nur ein Beispiel: https://twitter.com/ernsterjuenger

Auf jeden Fall würde ich mich sehr freuen, wenn Sie diese Buchidee umsetzen. Falls Sie Fragen bezüglich Dagobert Duck oder Entenhausen haben, können Sie sich auch gerne an mich wenden. Ich stehe Ihnen zur Verfügung.

Falls Sie jedoch kein Interesse haben sollten ein "Dagobert Duck von rechts"-Buch zu schreiben, sagen Sie mir bitte auch kurz bescheid; vielleicht verwirkliche ich diese Idee dann irgendwann. Ich bin jedoch der Ansicht, dass Sie das wesentlich besser als ich umsetzen könnten.

Mit freundlichen Grüßen
Christian Schwochert

♥♥♥♥♥♥♥♥♥♥♥♥♥♥♥♥♥♥♥♥

Sehr geehrter Herr Pirincci,

ich weiß, es hilft nicht viel, aber aus Solidarität habe ich mir vor Kurzem Ihren Roman "Odette" gekauft. Und obwohl ich eigentlich nicht so auf Dramen stehe, war das Buch doch sehr gut.
Habe eben unter einem Pseudonym folgende 5 Sterne Rezension dazu verfasst:
https://www.lovelybooks.de/autor/Akif-Pirin %C3%A7ci/Odette-3011670690-w/
Habe auch einen Artikel für Ihr Buch verfasst, aber die Penner wollten ihn leider nicht veröffentlichen!
Vielleicht kurbelt es ja den Verkauf etwas an und unterstützt Sie so ein wenig bei Ihrem Kampf um Gerechtigkeit.
Ich wünsche Ihnen alles Gute.

Mit freundlichen Grüßen
Ihr Schriftstellerkollege
Christian Schwochert

Sehr geehrte Damen und Herren von der Jungen Freiheit,

ich wollte Sie einmal mehr für Ihre großartigen Artikel loben. Sie leisten super Arbeit.
Ohne Sie hätte ich zum Beispiel wohl kaum mitbekommen, dass in Frankfurt am Main die Regierung Geld für den Ramadan ausgibt, aber für die Lösung der Probleme vor Ort keinen Finger krumm macht. So berichteten Sie es ja in "Erste deutsche Stadt hängt Ramadan-Festbeleuchtung auf". Ein hervorragender Artikel.

Auch sehr gut war die Kritik am CSU-Generalsekretär Martin Huber. Mit dem Titel "CSU-Generalsekretär schwingt die Nazikeule gegen die AfD" ist damit eigentlich alles gesagt. Liest man den Artikel, fragt man sich, warum sich die CSU nicht einfach auflöst und den Grünen anschließt? Oder sich in "CSD" umbenennt?!

Unfassbar auch, dass die Partei als "Nazis" beschimpft werden, weil sie gegen einen Krieg mit Russland und für normale Handelsbeziehungen zu dem Land sind! Wären das wirklich Nazis, würden die doch eher versuchen Krieg gegen Russland zu führen, oder?

Auch sehr lobenswert ist Ihr Artikel über den RBB. Der mit dem Titel "RBB cancelt eigenen Beitrag über den Sender-Skandal". Da löschen die einfach mal dreist einen wichtigen Beitrag! Und ganz ehrlich: Da ich den RBB nicht schaue und mich auch sonst eher wenig mit dem GEZ-Fernsehen beschäftige, hätte ich ohne Ihre

Zeitung wohl eher nicht davon erfahren.

Zusammengefasst: Super Arbeit. Weiter so.

Mit freundlichen Grüßen
Christian Schwochert
Schriftsteller

Sehr geehrte Damen und Herren vom NDR,

ich habe Ihren Artikel über die Migration und das dazu gehörige Bund-Länder-Treffen gelesen:
https://www.ndr.de/nachrichten/info/Bund-Laender-Treffen-Migrationspolitik-und-Netzentgelte-im-Fokus,bundlaendertreffen102.html

Auf die Frage, wie es in Zukunft weitergehen soll, gibt es eine ganz einfache Antwort: Remigration!
Alle integrationsunwilligen Ausländer und alle Asylanten in deren Ländern es relativ sicher ist und die sowieso schon als Flüchtlinge nicht anerkannt wurden sollen in die Länder ihrer Vorfahren zurückkehren.
Ganz einfach!

Nur politisch ist das ja leider nicht erwünscht, denn angeblich bekommen wir ja "Menschen geschenkt", obwohl ich bezweifele, dass Menschen etwas sind, was man schenken und verschenken sollen dürfte?! Einige Politiker hassen ihr eigenes Volk und glauben die Welt wäre besser, wenn es weniger Deutsche und dafür mehr Ausländer gäbe. Weil die Deutschen ja angeblich soooooo "Böse" und "Rechts" und "Bernd" sind.

In diesem Zusammenhang verweise ich gerne mal auf die größte rechtsextreme Organisation in Deutschland; die "Grauen Wölfe". SOGAR die "Bundeszentrale für politische Bildung" hat das erkannt und angesprochen:
https://www.bpb.de/themen/rechtsextremismus/dossier-rechtsextremismus/260333/graue-woelfe-die-groesste-rechtsextreme-organisation-in-deutschland/

♥♥♥♥♥♥♥♥♥♥♥♥♥♥♥♥♥♥♥♥♥♥

Praktische Folgen hat diese Ansprache natürlich nicht; ebenso wird es bei dem Gipfeltreffen sein, über das Sie liebe Leute vom NDR berichtet haben. Es wird nur geredet; oftmals gendergerecht. Nur nützen tut es nichts. Probleme werden nicht gelöst.

Ich persönlich habe nichts gegen die Wölfe, bin noch nie einem begegnet und kann mir daher über diese Leute auch kein Urteil erlauben.
Finde es halt nur verlogen, dass gewisse Leute immer wegen der "bösen" Rechten herumheulen und dann diese Truppe völlig ignorieren. Sowas nennt man Doppelmoral.

Aber gut. Von Ihnen und Ihrer Webseite würde ich mir wünschen, dass Sie sachlich und neutral über das Thema "Remigration" und über die von Großbritannien verfolgte Aktion berichten, Asylzentren in sicheren Ländern Afrikas aufzubauen. Denn warum sollen die Asylanten ausgerechnet zu uns kommen? In anderen afrikanischen Ländern wären sie doch auch sicher und versorgt und das für einen Bruchteil des Geldes.

Und kommen Sie mir nicht mit der Fachkräfteausrede. Seit 2014 sind mehrere Millionen Leute hergekommen; warum wurden aus denen nicht die angeblich fehlenden Fachkräfte?
Und wer sagt, dass wenn jetzt nochmal Millionen kommen, aus denen die Fachkräfte werden?
Sind Fachkräfte überhaupt politisch gewollt oder will man von Seiten der Machthaber vielleicht einfach nur

♥♥♥♥♥♥♥♥♥♥♥♥♥♥♥♥♥♥♥♥♥

die Indigenen loswerden? Seit zehn Jahren sind nämlich auch viele Leute ausgewandert; gut gebildete Deutsche und ehrliche, anständige Ausländer. Warum wohl? Vielleicht weil sie keinen Bock haben, an Politiker Steuern zu zahlen, die sie wie Dreck behandeln?

Und warum trifft es wohl bei Abschiebungen so oft die anständigen Ausländer, die sich hier bei uns gut integrieren!
Gut integrierte Jesiden, die tatsächlich verfolgt werden, werden abgeschoben, wie Sie hier nachlesen können: https://www.juedische-allgemeine.de/politik/erste-bundeslaender-schieben-jesiden-ab/
Serienvergewaltiger hingegen dürfen bleiben: https://www.focus.de/panorama/welt/drei-schwere-verbrechen-an-frauen-serienvergewaltiger-kann-nicht-abgeschoben-werden-keiner-weiss-woher-er-kommt_id_180416386.html

Mit anderen Worten; diejenigen die uns schaden, bleiben und diejenigen die uns nützen und tatsächlich eine Bereicherung für uns sind, fliegen raus!!!!

Offensichtlicher kann eine gegen das eigene Volk gerichtete Politik nicht sein. Darüber sollten Sie mal berichten!

Sehr geehrte Damen und Herren von der Welt,

normalerweise lese ich keine Artikel hinter Bezahlschranken und das habe ich streng genommen auch heute nicht getan. Aber der Reihe nach. Zunächst einmal fand ich Ihren Bericht "So bringt man die Leute dazu, Klimaschutz zu hassen" über Cem Özdemir sehr aufschlussreich. Und das Verhalten von Leuten wie Karen Duve zeigt auch, woher die Abneigung gegen Grüne und deren Ideen kommt. Der Özdemir scheint mir da eher ein wie man sagt "Realo" zu sein; jemand der wohl so manches Problem gerne lösen würde, es aber nicht kann, weil ihm parteipolitisch die Hände gebunden sind.

In anderen Dingen ist er jedoch voll auf grüner Linie und diese Linie ist alles andere als gut für unser Land. Karen Duve jedenfalls machte einen sehr abgehobenen und weltfremden Eindruck auf mich. Sie mag die Bauern scheinbar nicht und will, wohl ideologisch bedingt, trotzdem auf dem Land leben. Na ja, vielleicht wurde in den Großstädten die grüne Ideologie auch schon so sehr verwirklicht, dass die Autorin Duve dort nun nicht mehr leben möchte.

Dafür ist sie jetzt auf's Land gegangen und versucht dort ihre Ideologie den Leuten aufzudrücken; so jedenfalls mein Eindruck. Das ihr Umzug mit den drogendealerverseuchten Parks und den vielen Kriminalitätsschwerpunkten in großen Städten, die alle von Grünen oder SPD regiert oder zumindest mitregiert werden, zu tun hat, wird sie gewiss auf Nachfrage abstreiten.

Aber ganz ehrlich: Mit Leuten wie Frau Duve zu reden

♥ ♥

wäre für Leute wie mich sowieso sinnlos; dann doch eher mit Herrn Özdemir...

Nun aber zu dem anderen Punkt. Wie gesagt bezahle ich nichts für Bezahlschranken. Ich finde, die Dinge sollten im Internet kostenlos lesbar sein. Und das haben Sie sowohl getan als auch nicht getan, denn auf Ihrer Welt-Webseite kann man den Artikel nur mit Bezahlschranke lesen:
https://www.welt.de/wirtschaft/plus250419802/Bauernp roteste-Und-dann-verteidigt-Oezdemir-seinen-aergsten-Kritiker.html
Auf MSN.com hingegen ist er völlig gratis verfügbar:
https://www.msn.com/de-de/nachrichten/politik/so-bringt-man-die-leute-dazu-klimaschutz-zu-hassen/ar-BB1joAA7?
ocid=entnewsntp&pc=LCTS&cvid=08da51ce49044762 8a91ea23330ca436&ei=23

Das kann man natürlich machen, aber da frage ich als Leser mich schon, wo da der Sinn ist? Ich kann da nur Mutmaßungen anstellen:
-Soll hier nur denjenigen das Geld abgenommen werden, die naiv genug sind etwas zu bezahlen, was sie auch gratis haben könnten?
-Sollen diejenigen, die schlau genug sind nach einer gratis Lesemöglichkeit zu suchen, belohnt werden?
-Ist das so ein Sozialexperiment? Von wegen, wie viele Leute bezahlen und wie viele suchen weiter, kommen auf die MSN-Seite und lesen das dann kostenlos?

Na ja, auf jeden Fall war der Artikel sehr

♥♥♥♥♥♥♥♥♥♥♥♥♥♥♥♥♥♥♥♥♥♥♥♥

aufschlussreich.

❤❤❤❤❤❤❤❤❤❤❤❤❤❤❤❤❤❤❤❤

Sehr geehrte Damen und Herren von Apollo-News,

vielen Dank für den guten und wichtigen Artikel zum Thema linke Geschichtstilgung: https://apollo-news.net/wegen-kolonialvergangenheit-mannheim-will-vier-strassen-umbenennen/

Es ist eine Sauerei wie die Roten und ihre grünen Helfershelfer mit unserer Geschichte und Kultur umgehen! In Ihrem Artikel heißt es: "In Mannheim sollen vier Straßen umbenannt werden, weil ihre Namensgeber im Zusammenhang mit der deutschen Kolonialgeschichte stehen. Konkret sollen die Namen der Gustav-Nachtigal-Straße, der Leutweinstraße, der Lüderitzstraße und der Sven-Hedin-Straße geändert werden. Eine Bürger-Abstimmung ist bereits im Gange."
Besonders der letzte Satz ließ mich aufhorchen. Der Grund dafür ist, dass die Roten gerne mal "Abstimmungen" stattfinden lassen wie damals beim Heinrichplatz in Berlin. Da fand auch eine "Bürgerabstimmung" statt; die Grünen luden, wenn ich mich richtig erinnere, zu irgend so einem Fest oder so ein und dann wurde die eingeladene Menge (natürlich fast alle aus der linken Szene!) glaube ich aufgerufen abzustimmen, ob der Platz umbenannt werden sollte. Und dann gab es noch in der entsprechenden Bezirksverordnetenversammlung eine Abstimmung, aber die Anwohner und Geschäftsinhaber des betroffenen Platzes wurden nicht befragt.

Daher meine Frage: Wie genau soll die

♥♥♥♥♥♥♥♥♥♥♥♥♥♥♥♥♥♥♥♥

"Bürgerabstimmung" in Mannheim aussehen? Wissen Sie Genaueres darüber?

Und dann wäre da noch ein weiterer Punkt. Es ist wichtig und notwendig, dass wo immer die Machthaber so eine Umbenennungsscheiße abziehen und versuchen unsere Geschichte zu tilgen, Widerstand geleistet wird. So wie zum Beispiel hier: https://report24.news/linke-grabschaendungen-patriotisches-fotobuch-bewahrt-das-andenken-an-deutsche-soldaten/

Ich hoffe, dass es auch in Mannheim friedliche und kreative Gegenwehr gegen den linken Umbenennungswahn gibt. Wenn ja, würde es mich freuen darüber Berichte bei Apollo-News zu lesen.

Mit freundlichen Grüßen
Christian Schwochert

♥♥♥♥♥♥♥♥♥♥♥♥♥♥♥♥♥♥♥♥♥

Sehr geehrte Damen und Herren von der FAZ,

soeben habe ich Ihren Artikel "Ramelow: War angetrunken bei Clubhouse-Auftritt" gelesen. Ein durchaus interessanter Artikel und das auch ohne eine dieser nervigen Bezahlschranken. Mich ärgert vieles im Netz; eines der Ärgernisse ist es, wenn Informationen nicht frei verfügbar sind.

Zum Inhalt: Ich frage mich schon, wie sehr sich der politische Stil verändert hat, dass Politiker eine "Fuck up Night" machen?! Und dann trinkt der Mann auch noch scheinbar mehr als er verträgt. Macht er das, um seine eigene Politik ertragen zu können? Oder will er so sein schlechtes Gewissen betäuben, weil er entgegen gewisser Versprechungen doch keine Neuwahlen nach zwei Jahren abhielt?

Und dann dieses komische Schuldbekenntnis der FDP. Ramelow hat ja wenigstens etwas bekannt was er selbst verschuldet hat. Die FDP wurde nach der Wahl von Kemmerich massiv von Merkel, den Medien und linken NGOs unter Druck gesetzt. Nicht zu vergessen die vielen Angriffe auf FDPler, ihr Eigentum und ihre Parteibüros. Und das ist noch nett formuliert! Nicht die FDP muss sich für eine demokratische Wahl entschuldigen, sondern diejenigen die FDPler mit Terror und Gewalt überzogen haben, sollten sich entschuldigen.

Da frage ich mich schon, was das Ganze eigentlich soll? Und hätte die FAZ im Bezug auf diese Leute nicht ein

❤❤❤❤❤❤❤❤❤❤❤❤❤❤❤❤❤❤❤

bisschen kritischer nachfragen können?

Mit freundlichen Grüßen
Christian Schwochert

Sehr geehrte Damen und Herren von den Guglmännern,

ich habe im Netz Ihre Idee gelesen, ein großes, schönes Denkmal für König Ludwig II zu bauen: http://www.guglmann.de/deutsch/index.htm

Diese Idee finde ich großartig! Sie haben meine volle Unterstützung. Gerne werde ich mir auch die Postkarte an Markus Söder (mehrfach!) ausdrucken, unterschreiben, versenden und unters Volk bringen. Die Idee ist wundervoll. Sie schreiben: "Ludwig hasste bekanntermaßen Krieg und Gewalt – eine Haltung, wie sie heute nicht aktueller sein könnte."
Zwar teile ich Ludwigs von Ihnen zitierte Abneigung gegen Preußen nicht, verstehe diese aber aus seiner Zeit und seiner Situation heraus.
Fakt ist auf alle Fälle: Ludwig II verdanken wir einige der schönsten Schlösser der Welt. Er war ein anständiger, ehrenhafter König wie wir ihn heute wirklich gut gebrauchen könnten.
Auch Ihren Rundumschlag von Bismarck zu Hitler muss ich jedoch ablehnen. Das ist absurd und genauso absurd wäre es eine Brücke von Zar Alexander I zu Josef Stalin zu schlagen!
Sie schreiben: "Auch König Ludwig fiel am Ende ja dem Regizid (Königsmord) Bismarcks zum Opfer." Das bezweifele ich ehrlich gesagt. Für mich sieht es eher so aus, als ob es auf regionaler Ebene in Bayern einige Politiker gegeben hat, die selbst an die Macht wollten und denen der König im Wege stand. Vielleicht kennen Sie das Zitat von Kaiser Franz Josef: "Ich bin der letzte

Monarch der alten Schule. Es ist meine Aufgabe, meine Völker vor ihren Politikern zu schützen!"

Man hat den armen, hochanständigen Ludwig entmündigt und aus dem Weg geräumt. Profitiert davon haben die Politiker in Bayern, die nun an die Futtertröge der Macht kommen konnten. Bismarck hätte gar nichts davon gehabt, Ludwig II ermorden zu lassen. Schlussendlich hat Ludwig ihm ja auch geholfen, Deutschland zu vereinigen; ja, mit Blut und Eisen. Das war nicht schön; Kriege sind immer furchtbar. Aber was wären die Alternativen gewesen?
Vor Frankreich in die Knie gehen? Wäre es denn besser gewesen, der Süden Deutschlands wäre ein Vasall Frankreichs geworden? Da das Königreich Bayern auch Gebiete im heutigen Rheinland-Pfalz hatte und Napoleon III großes Interesse daran hatte sein Reich nach Osten zu erweitern und den Rhein als natürliche Grenze Frankreichs betrachtete, hätte Frankreich Bayern damals wohl kaum einfach in Ruhe gelassen...

Aber ich merke schon; das ist ein Thema mit dem man ganze Bücher füllen kann und mit dem gewiss auch viele Werke gefüllt wurden. Als Autor der "Kaiserfront Extra"-Romane kenne ich mich in der Branche ja ein wenig aus.

Auf alle Fälle freue ich mich über Ihre Idee Ludwig II auf diese wunderschöne Weise zu ehren, auch wenn ich den Werbetext für diese Idee nicht zu 100 Prozent unterschreiben würde.

♥♥♥♥♥♥♥♥♥♥♥♥♥♥♥♥♥♥♥♥♥♥♥

Sie schreiben auf der Webseite: "Auf dem Gipfel der Kampenwand (Aschau im Chiemgau) steht das Gedenkkreuz für die bayerischen Gefallenen beider Weltkriege. Und deshalb ist genau hier der richtige Ort, das Portrait des Friedensfürsten in eine der Felszacken (Kampen) zu meißeln. Dann könnte der König ewig hinunterblicken auf sein reines „Versailles" (Schloß Herrenchiemsee) und auf ganz Bayern – so wie in Amerika vom Mount Rushmore die Präsidenten Washington, Jefferson, Roosevelt und Lincoln herabblicken – auf 10 Millionen Besucher jährlich!" Weiter heißt es bei Ihnen: "Was ein solches Monument für Identitätsstiftung und den Tourismus im Chiemgau und in ganz Bayern bedeuten würde ist gar nicht hoch genug einzuschätzen, denn dort sind es ja nur amerikanische Präsidenten, bei uns aber der König der Könige!"

Also das wiederum klingt sehr gut, obwohl der "König der Könige" eigentlich Jesus Christus ist. Aber ich verstehe schon, dass Sie da die Amis übertreffen wollen. Also; ich wünsche Ihnen und Ihrem Vorhaben viel Erfolg und möchte abschließend noch sagen, dass ich es sehr lobenswert und ehrenhaft von Ihnen finde sich für das Andenken an diesen großartigen König zu engagieren.
Viel Glück.

Mit freundlichen Grüßen
Christian Schwochert
Schriftsteller

Sehr geehrter Herr Gaebler,

ich und viele andere Leute würden es begrüßen, wenn
der Emmaus Wald in Berlin erhalten bleibt.
Als ich noch in Berlin lebte, bin ich dort sehr gerne
spazieren gegangen und der Wald ist wirklich
wunderschön und artenvielfältig was Pflanzen und Tiere
betrifft.
Bitte sorgen Sie dafür, dass der Wald erhalten bleibt,
damit auch in Zukunft viele Berliner dort die Natur
genießen und Pflanzen und Tiere ihren Lebensraum
behalten können.

Mit freundlichen Grüßen
Christian Schwochert

Sehr geehrte Damen und Herren,

ich finde es super, dass Sie sich für den Erhalt des Emmaus Waldes einsetzen!
Weiter so!
Geben Sie auf keinen Fall nach. Gerne werde ich auch wie von Ihnen erhofft den Senator Gaebler anschreiben.
Viel Erfolg. Ich hoffe, der Wald bleibt erhalten.

P.S.: Soeben habe ich versucht den Senator anzuschreiben. Seine Webseite ist offenbar schon seit Jahren nicht mehr aktiv und wenn man die Mails an die dort angegebene Adresse schickt, kommen sie als "Unzustellbar" zurück :-(

Sehr geehrter Herr Kerkeling,

wie darf ich Ihre Aussagen im Bezug auf die AfD interpretieren? Im Grunde hatten Sie anscheinend ja einiges dazu bei t-online zu sagen: https://www.t-online.de/unterhaltung/stars/id_100359834/hape-kerkeling-ueber-die-afd-so-riskant-war-die-situation-noch-nie-.html

T-Online fragte: "Wen würden Sie sich als Kung Fu Panda hierzulande als Erstes zur Brust nehmen?"
Sie antworteten: "Na gut, sagen wir mal: Herrn Gauland."
Heißt das, Sie wollen Alexander Gauland zusammenschlagen? Was ist das für eine Art mit Menschen umzugehen? Wie viele Leute hat der Gauland denn schon verprügelt? Mir sind jedenfalls keine bekannt.
Ich bin nun kein Experte was diese komischen Pandafilme betrifft, aber für gewöhnlich werden die "Schurken" dort doch auch auf die eine oder andere Weise umgelegt. Heißt das, Sie möchten Herrn Gauland umbringen? Wenn ja, frage ich mich warum? Was hat der Mann, ja was hat die AfD denn getan? Diese Partei ist nachweislich das Hauptopfer von Gewaltangriffen; hier ein sehr erhellendes Video dazu:
https://www.youtube.com/watch?v=ZANGAgNTPqg
Sie reden davon, die Menschen der AfD würden sich von "Hass" einfangen lassen? Aber wer rennt denn in Massen durch die Städte und ruft "Ganz Berlin hasst die AfD!" oder "Ganz Hamburg hasst die AfD!"? Wer hat denn dazu aufgerufen "AfDler töten" und gegen wen

wird jetzt deswegen ermittelt?

Und wer in der AfD hat dazu aufgerufen die Demokratie abzuschaffen? NENNEN SIE MIR EIN BEISPIEL! NENNEN SIE MIR EIN ZITAT WO AFD-LEUTE SAGEN SIE WOLLTEN DIE DEMOKRATIE ABSCHAFFEN!

Nur eines! Na los!

Wo will die Partei, die für Volksabstimmungen auf Bundesebene ist, die Demokratie abschaffen?

Ich fasse es einfach nicht! Ich mag diese Partei ehrlich gesagt nicht einmal besonders, aber Sie und diese ganzen anderen Mainstreampromis; ja! Sie haben es geschafft, dass ich wieder in die Verlegenheit komme, die AfD verteidigen zu müssen gegen den völligen Humbug, den Sie über diese Leute erzählen!

Wie viele AfDler kennen Sie denn? Mit wie vielen AfDlern haben Sie denn persönlich gesprochen? Ich lehne mich mal weit aus dem Fenster und gehe davon aus: MIT KEINEM!

Und dann auch noch dieses Zitat von Ihnen: "Die Geschichte hat gezeigt, was die probaten Mittel sind. Ich kann mich jedenfalls nicht erinnern, dass Faschismus jemals durch Diskussion beendet wurde." Also wollen Sie, dass die Leute den bewaffneten Kampf gegen die AfD aufnehmen oder was? So ein Schwachsinn.

Oh und übrigens: Der Faschismus in Spanien wurde durch die Reden, durch die *Worte* (!!!!!) von König Juan Carlos I. beendet! Und der Faschismus in Ungarn wurde von dem Nationalsozialisten Hitler gewaltsam beendet; falls Sie also mit "Faschismus" auf

♥♥♥♥♥♥♥♥♥♥♥♥♥♥♥♥♥♥♥♥♥♥♥

Hitler anspielen, erlaube ich mir den Hinweis darauf, dass der Mann ein brauner Sozialist war und kein Faschist. Seine politische Karriere begann in der Münchener Räterepublik. Und wo begann die Karriere von Mussolini? Forschen Sie mal nach; der Faschismus ist ein Kind des Kommunismus/Sozialismus!

Da Sie aber offensichtlich weder von Politik noch von Geschichte eine Ahnung haben, sollten Sie vielleicht erstmal im Netz nachforschen, bevor Sie sich zu politischen Themen äußern.

Statt aber selbst mal nachzuschauen und vielleicht mit den Leuten über die Sie reden persönlich zu reden, fordern Sie ein AfD-Verbot. Ich denke mir da nur: Bitte! Bitte sollen die anderen Parteien so blöd sein das zu versuchen! Dann gibt es eine große Gerichtsverhandlung und die ganze Welt kann dann sehen wie harmlos die AfD eigentlich ist!

Mit freundlichen Grüßen
Christian Schwochert

Sehr geehrte Damen und Herren von der FDP,

das von der Ampel-Koalition eingebrachte „Selbstbestimmungsgesetz" sieht vor, dass jeder ohne Angabe von Gründen das eigene Geschlecht im Standesamt einmal pro Jahr ändern kann. Die Botschaft dieses Gesetzes ist: Biologie und Natur sind irrelevant!

Es ist absurd, per Gesetz definieren zu wollen, dass Geschlecht, Persönlichkeit und Identität reine Konstruktionen des eigenen Willens und der eigenen Phantasie seien.

Aber nicht nur deshalb ist das Selbstbestimmungsgesetz gefährlich und falsch.

Viele Wissenschaftler warnen: Die Kinder und Jugendlichen sind in der heutigen Zeit stark verunsichert, sehr leicht beeinflussbar und manipulierbar. Sie müssen besonders vor falschen Entscheidungen geschützt werden, doch das Selbstbestimmungsgesetz signalisiert, eine Geschlechtsänderung sei banal.

Deshalb stelle ich folgende Forderung an den Deutschen Bundestag:

Das Selbstbestimmungsgesetz muss in seiner Gänze abgelehnt werden!

Mit freundlichen Grüßen

Christian Schwochert

Zeitfracht Medien GmbH
Ferdinand-Jühlke-Straße 7
99095 Erfurt, Deutschland
produktsicherheit@kolibri360.de